Per L'Amore Che Persevera

"Pubblicate quest'opera, così come sta. Chi legge quest'Opera capirà"

Papa Pio XII,
1948 Il 26 febbraio

Codice Della Legge Canonica

Canone 66 «L'economia cristiana, di conseguenza, dal momento che è il nuovo e definitivo Testamento, non morirà mai; e non bisogna aspettarsi nessuna pubblica rivelazione prima della gloriosa manifestazione di nostro Signore Gesù Cristo". Ma anche se la Rivelazione è già completata, non è stata resa completamente esplicita; alla fede cristiana rimane da cogliere il suo completo significato nel corso dei secoli.

Canone 67 Negli anni ci sono state le cosiddette rivelazioni "private", alcune delle quali sono state riconosciute dall'autorità della Chiesa. Non appartengono, però, al deposito della fede. Il loro compito non è migliorare o completare la Rivelazione definitiva di Cristo, ma aiutare a vivere più pienamente in essa in certi periodi della storia. Guidato dal Magisterium della Chiesa, il sensus fidelium sa come discernere e dare il benvenuto a queste rivelazioni, sia che costituiscano una chiamata autentica alla Chiesa da parte di Cristo che da parte dei suoi santi.

La fede cristiana non può accettare "rivelazioni" che sostengano di sorpassare o correggere la Rivelazione di cui Cristo è il compimento, come nel caso di religioni certamente non cristiane e anche di alcune recenti sette che si basano su tali "rivelazioni".

La Piena Di Grazia:
Gli Inizi
Merito
La Passione Di Joseph
L'angelo Blu
L'infanzia Di Gesù

Seguitemi:
Il Tesoro Con 7 Nomi
Dove Ci Sono Spine, Ci Saranno Anche Rose
Per L'amore Che Persevera
Il Collegio Apostolico
I Dieci Comandamenti

Le Cronache Di Gesù E Giuda Iscariota:
Io Ti Vedo Per Come Sei
Coloro Che Sono Segnati
Gesù Piange

Lazzaro:
Che Bella Bionda
I Fiori Del Bene

Claudia Procula:
Amate Il Nazareno?
Il Capriccio Della Morale Di Corte

Principi Cristiani:
Della Reincarnazione

Maria Di Magdala:
Ah! Mio Adorato! Ti Ho Raggiunto Alla Fine

Lamb Books

Versione illustrata per tutta la famiglia

LAMB BOOKS

Pubblicato da Lamb Books, 2 Dalkeith Court, 45 Vincent Street, London SW1P 4HH; UK, USA, FR, IT, SP, PT, DE

www.lambbooks.org

Prima pubblicato da Lamb Books 2013

questa edizione

001

Testo copyright @ Lamb Libri Nomina, 2013

Illustrazioni copyright @ Lamb Books, 2013

Il diritto morale dell'autore e illustratore è stato affermato

Tutti i diritti riservati

L'autore e l'editore sono grato al Centro Editoriale Valtoriano in Italia per il permesso di citare il Poema dell'Uomo-Dio di Maria Valtorta, da Valtorta Publishing

Situato in Bookman Old Style R

Stampato e rilegato da CPI Group (UK) Ltd, Croydon, CR0, 4YY

Fatta eccezione per gli Stati Uniti, questo libro è venduto a condizione che essa non deve, a titolo di commercio o altrimenti, essere prestati, rivenduto, locazione, o altrimenti distribuito senza il previo consenso dell'editore in qualsiasi forma di associazione o di coprire diverso quello in cui è pubblicata e senza una condizione simile compresa questa condizione imposta sul successivo acquirente

Seguitemi

Per L'Amore Che Persevera

LAMBBOOKS

RICONOSCIMENTO

Il materiale contenuto in questo libro è tratto d'Il Poema Dell'Uomo Di'o ('Il Vangelo Come Mi È Stato Rivelato') da Maria Valtorta, prima approvata dal Papa Pio nel 1948 nel una riunione del Febbraio 1948, testimoniato da altri tre sacerdoti. Ordinò i tre sacerdoti presente "pubblicare questo lavoro cosi com'è".

Nel 1994 il vaticano approva gli appelli dei cristiani in tutto il mondo e ha cominciato ad esaminare il caso per la Canonizzazione di Maria Valtorta (Giovanni piccolo).
Il poema del uomo Dio è stato descritto da un confessore del Papa Pio come "edificante".

Revelazioni mistiche sono stati per molto tempo la provincia dei sacerdoti e religiosi. Ed ora sono ottenibile a tutti. Tutti coloro che leggono questo adattamento troverà anche edificante. E attraverso questa luce, la fede può essere rinnovata.
Un ringraziamento speciale al Centro Editoriale Valtortiano in Italia per il permesso di citare Il Poema Dell' Uomo Dio di Maria Valtorta, soprannominato Giovanni piccolo

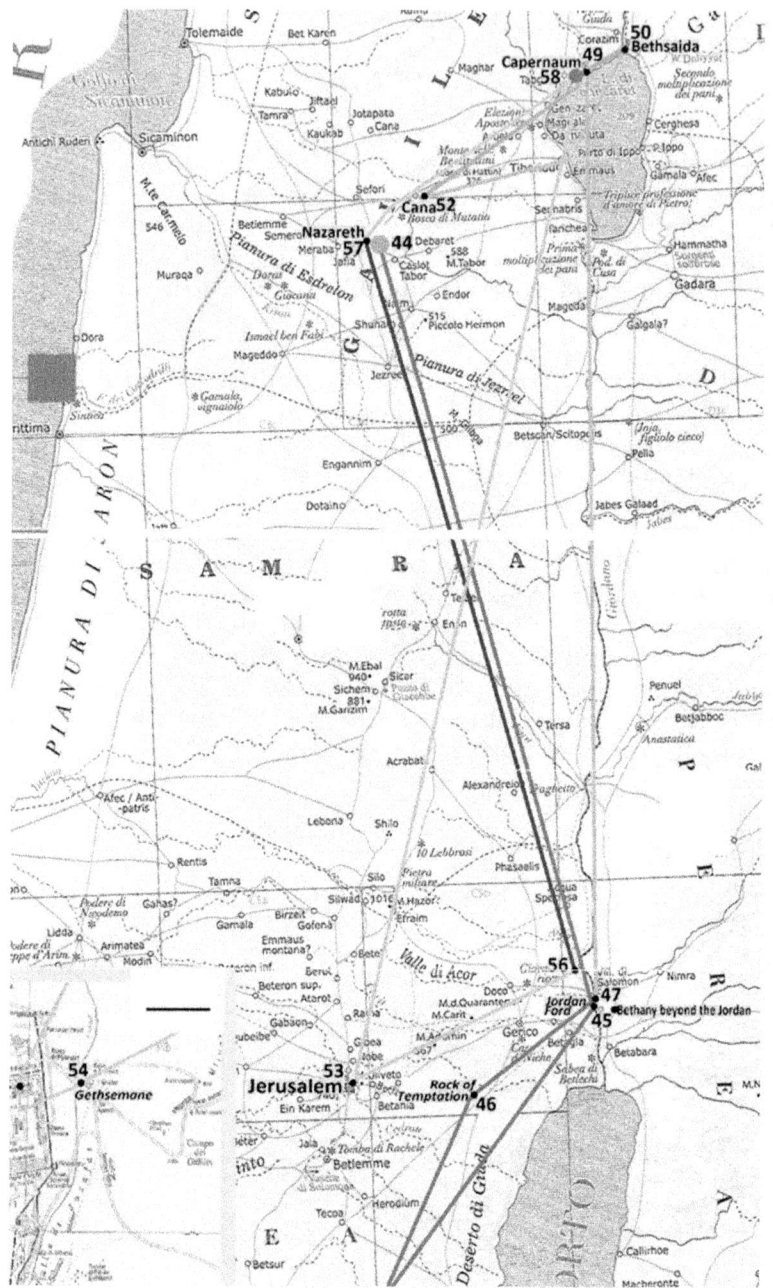

Contenuto

Gesù, Giovanni, Simone E Giuda Vanno A Betlemme.   12

Gesù A Betlemme Nella Casa Del Contadino E Nella Grotta.
     19

Gesù Si Reca All'albergo A Betlemme E Predica Dalle Rovine Della Casa Di Anna.   37

Gesù E I Pastori Elia, Levi E Giuseppe.   53

Gesù A Juttah Con Il Pastore Isacco.   65

Gesù A Hebron. Casa Di Zaccaria. Aglae.   80

Al Guado Del Giordano. Incontro Con I Pastori Giovanni, Mattia E Simeone.   94

Gesù E Isacco Vicino A Doco. Partenza Per Esdrelon.   104

Gesù Con Il Pastore Giona Nella Piana Di Esdrelon.   111

Ritorno A Nazaret Dopo Aver Lasciato Giona.   120

Gesù, Giovanni, Simone E Giuda Vanno A Betlemme.

Gesù, che è già con Giovanni, incontra Simone e Giuda, di mattina presto, alla stessa porta di Gerusalemme.

"Miei amici…" dice Gesù "… vi chiedo di venire con Me attraverso la Giudea. Se non è troppo per voi, soprattutto per te, Simone."

"Perché, Maestro?"

"E' duro camminare sulle montagne della Giudea… e forse sarà ancora più doloroso per te incontrare qualcuno che ti ha fatto del male."

"Quanto alla strada, voglio rassicurarti, ancora una volta, che da quando mia hai curato, mi sento più forte di un giovane e nessun lavoro è pesante per me, anche perché è fatto per Te, ed ora, con Te. Riguardo all'incontrare gente che mi ha fatto del male, non c'è nessun risentimento o sentimento aspro nel cuore di Simone, perché è diventato Tuo. L'odio è andato via assieme alle piaghe dalla malattia. E credimi, non so dirti se tu hai fatto un miracolo più grande nel curare la mia carne corrotta o la mia anima consumata dall'odio. Non credo di sbagliare nel dirti che curare la mia anima è stato il più grande miracolo; una ferita dell'anima guarisce meno facilmente... e Tu mi hai curato in un istante. Questo è un miracolo. Perché non si guarisce improvvisamente, anche se lo si desidera con tutte le proprie forze e un uomo non si sbarazza di una cattiva abitudine morale, se Tu non distruggi quell'abitudine con la Tua santa forza di volontà."

"Il tuo giudizio è corretto."

"Perché non lo fai con tutti? " Chiede Giuda piuttosto risentito.

"Ma lo fa, Giuda..." dice Giovanni, posando un braccio su Giuda gentilmente e amorevolmente come per calmarlo e parlando con zelo e in modo persuasivo "... Perché parli così al Maestro? Non senti di essere cambiato da quando sei in contatto con Lui? Prima, io ero un discepolo di Giovanni il Battista. Ma mi sono ritrovato completamente cambiato da quando Egli mi ha detto: 'Vieni'."

Giovanni, che si intromette raramente e non lo fa mai in presenza del Maestro, si trova obbligato a parlare ma poi si rende conto di aver parlato prima di Gesù, arrossisce e dice:

"Perdonami, Maestro, ho parlato al Tuo posto... non volevo che Giuda Ti addolorasse."

"Sì, Giovanni. Ma non Mi ha addolorato in quanto Mio discepolo. Da Mio discepolo, allora, se persisterà nel suo modo di pensare, Mi addolorerà. Mi addolora solo notare quanto l'uomo è stato corrotto da Satana che devia i suoi pensieri. Tutti gli uomini, sapete! I pensieri di tutti voi sono stati sviati da lui! Ma arriverà il giorno in cui avrete la Forza e la Grazi di Dio, avrete la Saggezza con il Suo Spirito... allora avrete tutto ciò che vi consentirà di giudicare correttamente."

"E tutti noi giudicheremo correttamente."

"No, Giuda."

"Ma ti riferisci a noi discepoli o a tutti gli uomini?"

"Mi riferisco in primo luogo a voi, poi a tutti gli altri. Quando sarà ora, il Maestro nominerà i Suoi operai e li manderà in tutto il mondo..."

"Non lo stai già facendo?"

"Per il momento, vi faccio solo dire: "Il Messia è qui. Venite da Lui." Poi vi metterò in grado di predicare in Mio nome, di operare miracoli in Mio nome..."

"Oh! Anche miracoli?"

"Sì, sui corpi e sulle anime."

"Oh! Quanto ci ammireranno, allora! " emette Giuda, pieno di gioia al pensiero.

"Ma, allora, non saremo con il Maestro... ed io avrò sempre timore di compiere con la mia capacità umana ciò che deriva solo da Dio" dice Giovanni, guardando Gesù pensierosamente e in qualche modo tristemente.

"Giovanni, se il Maestro me lo permetterà. vorrei dirti cosa penso" dice Simone.

"Sì, dillo a Giovanni. Voglio che vi consigliate l'un l'altro."

"Sai già che è un consiglio?" Gesù sorride ed è tranquillo.

"Bene, io ti dico, Giovanni, che non devi, non dobbiamo aver paura. Basiamoci sulla Sua saggezza di santo Maestro e sulla Sua promessa. Se Egli dice:E dice: 'Io vi manderò', vuol dire che Egli sa di poterci inviare senza paura che possiamo far del male a Lui o a noi stessi, che è per la causa di Dio, che è così cara a ciascuno di noi, come una sposa novella. Se Egli promette di vestire la nostra miseria intellettuale e spirituale della luminosità del potere che Suo padre Gli dona per noi, noi dobbiamo essere certi che lo farà e che noi ci riusciremo, non da soli, ma grazie alla Sua misericordia. E ciò molto probabilmente accadrà, dato che le nostre azioni sono libere dall'orgoglio e dalle ambizioni umane. Io credo che se contaminiamo la nostra missione, che è totalmente spirituale, con ingredienti terreni, allora anche la promessa di Cristo non resisterà. Non a causa di una Sua incapacità, ma perché noi strozzeremo tale abilità con la corda dell'orgoglio. Non so se sono stato chiaro."

"Tu hai parlato molto chiaramente. Io sbaglio. Ma sai... credo che dopo tutto, volere essere ammirati come discepoli di Cristo, così vicini a Lui da meritare di fare ciò che Egli fa, equivale a voler accrescere ancora di più la potente figura di Cristo tra la gente. Lode al Maestro, Che ha tali discepoli, è questo che intendo" risponde Giuda.

"Ciò che dici non è completamente sbagliato. Ma... vedi, Giuda. Io provengo da una casta che è perseguitata perché... perché ha male interpretato chi e come dovrebbe essere il Messia. Sì. Se noi Lo avessimo atteso con la visione corretta del Suo essere, non avremmo commesso errori, che bestemmiano contro la Verità

e si ribellano alla Legge di Roma, in modo tale da
essere stati puniti sia da Dio che da Roma. Abbiamo
immaginato Cristo come un conquistatore che avrebbe
liberato Israele, come un nuovo Maccabeo, più grande
del grande Giuda... Solo quello. E perché? Perché
piuttosto che tenere in considerazione l'interesse di Dio
ci siamo preoccupati dei nostri interessi: della terra
natale e del popolo. Oh! Gli interessi della terra natale
sono certamente sacri. Ma cosa sono in confronto al
Paradiso eterno? Nelle lunghe ore di persecuzione,
prima e di isolamento, poi, quando, da fuggitivo, ero
obbligato a nascondermi nelle tane delle bestie feroci,
condividendo con loro cibo e letto, per sfuggire al potere
di Roma e soprattutto a tutte le incriminazioni dei falsi
amici; o quando, mentre attendevo la morte nella tana
di una lepre, avevo già assaporato il gusto del sepolcro,
quando ho meditato, e quanto ho realizzato: ho visto la
figura del Messia... la Tua, mio umile e buon Maestro, la
Tua, Maestro e Re dello Spirito, il Tuo, O Cristo, Figlio
del Padre, che conduce al Padre e non ai palazzi reali
di polvere, non alle divinità di fango. Tu... Oh! E' facile
per me seguirti... perché, perdona la mia audacia che di
dichiara corretta, perché io Ti vedo come Ti immaginavo,
io Ti riconosco, Ti ho riconosciuto subito. No, non si
trattava di incontrarti, ma di riconoscere Qualcuno che la
mia anima aveva già incontrato..."

"E' per questo che ti ho chiamato... ed è per questo che
ti sto portando con Me, ora, in questo Mio primo viaggio
in Giudea. Voglio che tu completi il tuo riconoscimento, e
voglio che anche questi, la cui età rende meno capaci di
raggiungere la Verità tramite una meditazione profonda,
voglio che sappiano come il loro Maestro è arrivato in
questo momento... capirete in seguito. Lì c'è la Torre di

Davide. "La Porta Orientale è vicina."

"Usciremo da essa?"

"Sì, Giuda. Andremo prima a Betlemme. Dove sono nato... dovreste saperlo... per dirlo agli altri. Anche quello fa parte della conoscenza del Messia e delle scritture. Troverete profezie scritte nelle cose non come profezie ma come storia. Passiamo intorno alle case di Erode...'

"La vecchia, malvagia, avida volpe.

"Non giudicare. Esiste Dio, per giudicare. Andiamo lungo il sentiero che attraversa questi orti. Ci fermeremo all'ombra di un albero, accanto a qualche casa ospitale, finché non si rinfresca. Poi proseguiremo nel nostro cammino."

Gesù A Betlemme Nella Casa Del Contadino E Nella Grotta.

E' una torrida giornata d'estate su una strada piana coperta di polvere, che si estende lungo un oliveto di imponenti ulivi carichi di nuove piccole olive. Dove non è stato battuto, il terreno è cosparso di minuscoli fiori di olivo caduti a terra durante l'impollinazione.
Tenendosi all'ombra degli ulivi e lontano dalla sgradevole polvere, Gesù con i Suoi tre discepoli procede in fila indiana lungo il bordo della strada dove l'erba è ancora verde, seguendola in una curva ad angolo retto dove si trova una costruzione quadrata chiusa e abbandonata sovrastata da una piccola cupola bassa. Da lì si sale facilmente verso un'ampia valle a ferro di cavallo cosparsa di case che formano una cittadina.

"Quello è il sepolcro di Rachele" dice Simone.

"Se è così, siamo quasi arrivati. Andremo subito in città?"

"No, Giuda, voglio prima mostrarvi un posto... poi andremi in città, e poiché è ancora giorno e sarà una notte di luna, potremo parlare alla gente. Se ci ascolteranno."

"Pensi che non Ti ascolteranno?"

Raggiungono il sepolcro, un antico monumento imbiancato e ben conservato.

Gesù si ferma a bere ad un pozzo rustico vicino. Una donna che è venuta a prendere l'acqua Gliene offre un po.
"Sei di Betlemme?" Le chiede Gesù.

"Sì. Ma ora, nel periodo del raccolto, vivo in campagna con mio marito, per occuparmi degli orti e dei frutteti. Sei un galileo?"

"Sono nato a Betlemme, ma vivo a Nazaret in Galilea."

"Anche Tu sei perseguitato?"

"La famiglia sì. Ma perché dici: 'Anche tu'? C'è molta gente perseguitata a Betlemme?"

"Non lo sai? Quanti anni hai?"

"Trenta."

"Allora sei nato esattamente quando... oh! Che sventura! Ma perché è nato qui?"

"Chi?"

"Colui che hanno detto essere il Salvatore. Siano maledetti i folli che, ubriachi com'erano, pensarono che le nuvole fossero angeli e i belati e i ragli fossero voci dal Paradiso, e nella loro confusione da ubriachi, scambiarono tre sventurati per le persona più sante della terra. Siano maledetti! E siano maledetti coloro che credono in loro."

"Ma, con tutte le tue maledizioni, non Mi hai detto cosa è

accaduto. Perché maledici?"

"Perché... ascolta: dove stai andando?"

"A Betlemme con i Miei amici. Ho da sbrigare della faccende. Devo visitare alcuni vecchi amici e portar loro i saluti di Mia Madre. Ma vorrei sapere molte cosa prima, perché siamo stati lontani, noi dalla famiglia, per tanti anni. Lasciammo la città quando avevo solo pochi mesi."

"Prima della catastrofe, allora. Ascolta, se non disprezzi la casa di un contadino, vieni a condividere con noi il nostro pane e sale. Tu e i Tuoi compagni. Parleremo durante la cena e vi ospiterò tutti per la notte. La mia casa è piccola. Ma sulla stalla c'è tanta paglia, tutta ammucchiata. La notte è chiara e calda. Se vuoi, puoi dormire lì."

"Che il Signore di Israele ti ricompensi per la tua ospitalità. Sarò felice di venire nella tua casa."

"Un pellegrino porta con sé benedizioni. Andiamo. Ma dovrò versare sei brocche d'acqua sulle verdure che sono appena spuntate."

"Ed Io ti aiuterò."

"No, Tu sei un gentiluomo, lo dice il Tuo comportamento."

"Sono un lavoratore, donna. Questo è un pescatore. Quei due giudei sono benestanti e occupati. Io no." E raccoglie una brocca che giaceva di piatto con il suo ampio ventre accanto al muretto del pozzo, la lega alla corda e la cala nel pozzo. Giovanni lo aiuta. Anche gli altri vogliono essere d'aiuto e chiedono alla donna: "Dove sono le verdure? Diccelo e porteremo lì le brocche."

"Che Dio vi benedica! La mia schiena è rotta dalla fatica. Venite..."

E mentre Gesù tira su la brocca, i tre discepoli scompaiono lungo un piccolo sentiero, e tornano con due brocche vuote, che riempiono e poi vanno via. E non lo fanno tre volte, ma dieci. E Giuda ridendo dice: "Sta diventando rauca a forza di gridare, benedicendoci. Abbiamo dato tanta acqua alla sua insalata che il suolo sarà umido per almeno due giorni, e la donna non dovrà spezzarsi la schiena. " Quando torna indietro per l'ultima volta, dice: "Maestro, temo che siamo stati sfortunati."

"Perché, Giuda?"

"Perché ce l'ha con il Messia. Le ho detto: "Non maledire. Non sai che il Messia è la più grande grazia per il popolo di Dio? Yahweh Lo ha promesso a Giacobbe, e dopo lui a tutti i Profeti a alla gente giusta di Israele. E tu Lo odi?"

Ha risposto: "Non Lui. Ma colui che alcuni pastori ubriachi e tre maledetti indovini dell'est hanno chiamato "Messia"'. E poiché quello sei Tu..."

"Non importa. So di essere una prova e una contraddizione per molti. Le hai detto chi sono?"

"No, non sono pazzo. Ho voluto salvare la vita a Te e a noi."

"Hai fatto bene. Non per le nostre vite. Ma perché voglio rivelarmi quando credo che sia il momento giusto. Andiamo."
Giuda Lo guida fino all'orto.

La donna svuota le ultime tre brocche e poi Lo conduce

verso un edificio rustico in mezzo al frutteto. "Entra" dice. "Mio marito è già in casa."

Si affacciano in una bassa cucina piena di fumo. "Pace a questa casa" saluta Gesù.

"Chiunque Tu sia, siate benedetti Tu e i Tuoi amici. Entra" risponde l'uomo. E porta loro una bacinella d'acqua per rinfrescarsi e lavarsi, poi vanno tutti a sedersi attorno a un tavolo rustico.

"Grazie per aver aiutato mia moglie. Me lo ha detto. Non avevo mai avuto a che fare con dei galilei prima e mi avevano detto che erano rudi e litigiosi. Ma voi siete stati gentili e buoni. Sebbene foste già stanchi... avete lavorato così duramente. "Venite da lontano?"

"Da Gerusalemme. Loro due sono giudei. L'altro ed Io siamo della Galilea. Ma credimi, buon uomo, troverai buoni e cattivi ovunque."

"E' vero. Io, la prima volta che ho incontrato dei galilei, li ho trovati buoni. Donna: porta il cibo. Non ho che pane, verdure, olive e formaggio. Sono un contadino."

"Neanch'Io sono un gentiluomo. Sono un carpentiere."

"Cosa? Tu? Con i Tuoi modi?"

La donna interviene: "Il nostro ospite è di Betlemme, te l'ho detto, e se i Suoi parenti sono perseguitati, erano probabilmente ricchi e istruiti, come Giosuè di Ur, Matteo di Isacco, Levi di Abramo, pevera gente!..."

"Non sei stata interrogata. Perdonala. Le donne sono più loquaci dei passeri di sera."

"Erano famiglie di Betlemme?"

"Cosa? Non sai chi siano, e sei di Betlemme?"

"Scappammo via quando Io avevo pochi mesi di vita…" ma la donna loquace interrompe "Andò via prima del massacro."

"Eh! Capisco. Altrimenti non sarebbe in questo mondo. Non sei mai tornato?"

"No, mai."

"Che sventura! Non troverai molti di quelli che Sara ha detto che vuoi incontrare e visitare. Molti furono uccisi, molti scapparono via… chissà!… dispersi, e non si è mai saputo se morirono nel deserto o furono uccisi in prigione come punizione per la loro ribellione. Ma fu una ribellione? E chi sarebbe rimasto inerte permettendo che tanti innocenti fossero massacrati? No, non è giusto che Levi ed Elia debbano ancora essere vivi mentre così tanti innocenti sono morti!"

"Chi sono questi due, e cosa fecero?"

"Bene, almeno avrai sentito parlare del massacro. Il massacro di Erode… Più di mille bambini massacrati in città, quasi altri cento in campagna. Ed erano tutti, o quasi tutti, maschi, perché nella loro furia, nel buio, nella mischia, gli assassini strapparono via dalle loro culle, dai letti delle loro madri, dalle case che assalirono, anche delle bambine, e le trafissero come piccole gazzelle colpite dagli arcieri. Bene: perché tutto ciò? Perché un gruppo di pastori, che avevano ovviamente bevuto un'enorme quantità di sidro per sopportare il freddo intenso della notte, in una frenesia di eccitazione, affermarono di aver visto angeli, di aver sentito canti, di aver ricevuto istruzioni... e dissero a noi di Betlemme: 'Venite. Adorate. Il Messia è nato.' Immagina semplicemente: il Messia in una grotta! In tutta sincerità, devo ammettere che eravamo tutti ubriachi, anch'io, allora adolescente, anche mia moglie, che allora era solo una bambina... perché tutti noi credemmo a loro, e in una povera donna della Galilea vedemmo la Vergine Madre di cui parlano i Profeti. Ma Ella era con Suo marito, un rozzo galileo! Se era la moglie, come avrebbe potuto essere la 'Vergine'? Per farla breve: ci credemmo.

Doni, venerazione... case aperte per dar loro ospitalità!... Oh! Recitarono molto bene la loro parte! Povera Anna! Perse la sua proprietà e la vita, e anche i bambini della sua figlia più grande, l'unica rimasta perché sposò un mercante di Gerusalemme, perse tutta la proprietà perché la loro casa fu incendiata e tutta la tenuta fu distrutta per ordine di Erode. Ora è un campo non coltivato dove si cibano le mandrie."

"E fu tutta colpa dei pastori?"

"No, fu anche colpa di tre stregoni che arrivarono dal regno di Satana. Forse erano complici dei tre... E noi stoltamente ci sentimmo così orgogliosi di tanto onore! E il povero capo della sinagoga! Lo uccidemmo perché egli giurò che le profezie confermavano la verità dei pastori e le parole degli stregoni..."

"Quindi fu colpa dei pastori e degli stregoni?"

"No, galileo. Fu anche colpa nostra. Colpa della nostra credulità. Il Messia era stato atteso da così tanto tempo. Secoli di attesa. E c'erano state molte delusioni recenti a causa di falsi Messia. Uno di loro era un galileo, come Te, un altro fu chiamato Teuda. Bugiardi! Loro... Messia! Non erano altro che avidi avventurieri in cerca di un colpo di fortuna! Avremmo dovuto imparare la lezione. Invece...E

"Bene, allora, perché maledite tutti i pastori e i magi? Se vi considerate pazzi, allora dovreste essere maledetti anche voi. Ma il precetto dell'amore vieta la maledizione. Una maledizione attira un'altra maledizione. Siete sicuri di avere ragione? Non potrebbe essere vero che i pastori e i magi dissero la verità, rivelata ad essi da Dio? Perché continuate a credere che fossero bugiardi?"

"Perché gli anni della profezia non erano terminati. Ci abbiamo pensato in seguito... dopo che ci furono aperti gli occhi dal sangue dei bacini e dei ruscelli rossi."

"E non potrebbe l'Altissimo aver anticipato l'arrivo del Salvatore, in un eccesso d'amore per il Suo popolo? Su cosa basarono la loro affermazione gli stregoni? Mi hai detto che venivano dall'est..."

"Sui loro calcoli riguardanti una nuova stella"

"Non è scritto: 'Una stella da Giacobbe assume il comando, uno scettro nasce da Israele'? Non è Giacobbe il grande Patriarca e non si fermò egli nella terra di Betlemme tanto cara ai suoi occhi, perché vi morì la sua adorata Rachele?
E non disse la bocca di un Profeta: 'Un virgulto nasce dalla stirpe di Iesse, un innesto spunta dalle sue radici'? Iesse, il padre di Davide, nacque qui. Non è il virgulto della stirpe, tagliato alle radici da usurpazioni tiranniche, non è la 'Vergine' Che darà la luce a Suo Figlio, concepito non per atto dell'uomo, altrimenti Ella non sarebbe

una vergine, ma per volontà divina, mentre Egli sarà l'"Emmanuele' perché: Figlio di Dio, Egli sarà Dio e porterà Dio in mezzo al popolo di Dio, come proclama il Suo nome? E non sarà Egli annunciato, come dice la profezia, al popolo che cammina nell'oscurità, cioè ai pagani, 'da una grande luce'? E la stella che video i magi, non potrebbe essere la stella di Giacobbe, la grande luce delle due profezie di Balaam e Isaia? E lo stesso massacro ordinato da Erode, non viene dalle profezie? 'Una voce si ode a Ramah... è Rachele che piange per i suoi bambini.' Era scritto che delle lacrime sarebbero filtrate dalle ossa di Rachele nel suo sepolcro a Efrata quando, attraverso il Salvatore, sarebbe arrivata la ricompensa per il santo popolo. Lacrime che si sarebbero trasformate in risa divine, come l'arcobaleno che viene formato dalle ultime gocce della tempesta, ma dice: 'Ecco, il cielo è terso.'"

"Tu sei un uomo colto. Sei un rabbino?"

"Sì."

"E l'ho intuito. C'è luce e verità nelle Tue parole. Ma... Oh! Troppe ferite sanguinano ancora in questa terra di Betlemme a causa del vero o falso Messia... che non Gli suggerirei mai di venire qui. La terra Lo respingerebbe come si respinge un figliastro che ha causato la morte dei veri figli. In ogni caso... se fosse stato Lui... morì assieme agli altri bambini massacrati."

"Dove vivono ra Levi ed Elia?"

"Li conosci? " L'uomo si insospettisce.

" Non li conosco. I loro volti Mi sono sconosciuti. Ma

sono infelici, ed io ho sempre misericordia per gli infelici. Voglio andare a trovarli."

"Bene, saresti il primo dopo circa trent'anni. Sono ancora dei pastori e lavorano per un ricco erodiano di Gerusalemme, che ha preso possesso di molte della proprietà che appartenevano alla gente uccisa... C'è sempre qualcuno che approfitta! Li troverai con le loro mandrie sui terreni in alto verso Hebron. Ma questo è il mio consiglio: fai in modo che nessuno di Betlemme Ti veda parlare con loro. Ne soffriresti. Noi li tolleriamo per... per l'erodiano. Altrimenti..."

"Oh! L'odio! Perché odiare?"

"Perché è giusto. Ci hanno fatto del male."

"Pensavano di aver fatto del bene."

"Ma hanno fatto del male. Che sia fatto del male a loro. Avremmo dovuto ucciderli come lodo hanno fatto uccidere tanta gente per la loro stupidità. Ma eravamo diventati stupidi noi stessi e poi... c'era l'erodiano."

"Allora, se non ci fosse stato lui, dopo il primo desiderio di vendetta, che era ancora giustificabile, li avreste uccisi?"

"Li uccideremmo anche ora, se non avessimo paura del loro padrone."

"Buon uomo, ti dico, non odiare. Non desiderare il male. Non essere ansioso di fare del male. Non c'è colpa qui. Ma anche se ci fosse, perdona. Perdona in nome di Dio. Dillo anche all'altra gente di Betlemme. Quando i vostri cuori saranno liberi dall'odio, il Messia arriverà; Lo conoscerete allora, perché Egli è vivo. Era già nato quando avvenne il massacro. Te lo dico Io. Fu colpa di Satana, non fu colpa dei pastori o dei magi che avvenne il massacro. Il Messia è nato qui per voi, è venuto a portare la Luce alla terra dei Suoi padri. Il Figlio di una Vergine Madre della stirpe di Davide, tra le rovine della casa di Davide, Egli concesse una fonte di Grazie al mondo, e una nuova vita all'umanità..."

Va' via! Vai fuori di qui! Tu sei un seguace di quel falso Messia, Che non potrebbe essere che falso, perché ha portato sventura a noi qui a Betlemme. Tu Lo difendi, quindi..."

"Fai silenzio, buon uomo. Sono un giudeo e ho amici influenti. Potrei farti dispiacere di tuoi insulti" irrompe Giuda, afferrando gli indumenti del contadino, e scuotendoli in un impeto di rabbia violenta.

"No, no, fuori di qui! Non voglio problemi con il popolo di Betlemme o con Roma o con Erode. Andate via, voi maledetti, se non volete che vi lasci il mio segno... Fuori!"

"Andiamo, Giuda. Non reagire. Lasciamolo nel suo odio. Dio non entrerà dove c'è odio amaro. Andiamo."

"Sì, ce ne andiamo. Ma tu pagherai per questo."

"No, Giuda, non dire così. Sono ciechi... Ne incontreremo così tanti nel Mio cammino."

Escono e trovano Simone e Giovanni, fuori, che parlano con la donna, all'angolo della stalla.

"Perdona mio marito, Signore. Non pensavo che avrei causato tanti problemi... Ecco, prendete queste" Gli porge delle uova "Le mangerete domani mattina. Sono state appena deposte. Non ho nient'altro... Perdonaci. Dove dormirete?"

"Non preoccuparti. So dove andare. Vai e che la pace sia con te per la tua cortesia. Saluti."

Camminano un po', senza parlare, poi Giuda irrompe: "Ma Tu... perché non hai fatto in modo che Ti adorassero? Perché non hai schiacciato quello sporco bestemmiatore nel fango? Nel terreno! Schiacciato perché non ha mostrato alcun rispetto per Te, il Messia... Oh! E' quello che avrei fatto io! I samaritani dovrebbero essere ridotti in cenere con un miracolo! E' l'unica cosa che li scuoterà."

"Oh! Quante volte lo sentirò ripetere! Ma se dovessi ridurre in cenere per ogni peccato contro di Me!... No, Giuda. Sono venuto a creare, non a distruggere."

"Sì! E nel frattempo loro distruggono Te." Gesù non risponde.

Simone chiede: "Dove andiamo ora, Maestro?"

"Venite con Me, conosco un posto."

"Ma se non sei mai stato qui dalla Tua partenza, fai a conoscerlo?" Chiede Giuda, ancora arrabbiato.

"Lo conosco. Non è un bel posto. Ma ci sono già stato. Non è a Betlemme... ' un po' fuori... Giriamo da questa strada."

Gesù è davanti, seguito da Simone, poi Giuda e Giovanni è l'ultimo... In questo silenzio, rotto solo dal fruscio dei loro sandali sui granelli di ghiaia sul sentiero, si sentono i suoni di un pianto.

"Chi sta piangendo?" Chiede Gesù voltandosi.

"E' Giovanni. Si è spaventato." Risponde Giuda.

"No, non mi sono spaventato. Avevo già posato la mano sul coltello sotto la mia cintura... poi mi sono ricordato le parole che Tu continui a ripetere: 'Non uccidere, perdona.'"

"Perché piangi, allora? Chiede Giuda.

"Perché soffro nel vedere che il mondo non ama Gesù. Non Lo conoscono e non vogliono conoscerlo. Oh! E' così doloroso! Come se qualcuno mi lacerasse il cuore con spine roventi. Come se avessi visto qualcuno calpestare mia madre o sputare in faccia a mio padre... Anche peggio... Come se avessi visto dei cavalli romani mangiare nell'Armadio Sacro e riposare nel Luogo Santissimo."
"Non piangere, Mio caro Giovanni. Di questa volta e infinite volte in futuro: 'Egli era la Luce ed è venuto a illuminare il buio - ma il buio non Lo conosceva. Egli è venuto al mondo che era stato creato per Lui, ma il mondo non Lo conosceva. Egli è venuto nella Sua città, nel Suo dominio, ma il Suo stesso popolo non Lo accettò.' Oh! Non piangere così!"

"Questo non succede in Galilea!" Dice Giovanni singhiozzando.

"Bene, nemmeno in Giudea" dice Giuda "Gerusalemme è la capitale e tre giorni fa ha cantato osanna per Te, Messia! Non puoi giudicare da questo posto di rozzi contadini, pastori e orticoltori. Anche i galilei, ricordati, non sono tutti buoni. Dopo tutto, da dove veniva Giuda, il falso Messia? Dissero..."

"Basta, Giuda. E' inutile arrabbiarsi. Io sono calmo. State calmi, anche voi. Giuda, vieni qui. Voglio parlare con te.

" Giuda va vicino a Lui." Prendi questo borsello. Farai la spesa per domani."

"E adesso, dove alloggeremo?"

Gesù sorride, ma non risponde.
E' buio e la volta paradisiaca è punteggiata di stelle, stelle, stelle come su una tenda del paradiso, un baldacchino stracolmo di gemme vive esteso sulle colline di Betlemme, al chiaro di luna che rende tutto bianco.
Gli usignoli cantano sugli ulivi. Nelle vicinanze, il nastro argentino di un ruscello, il muggito di buoi e il belato di pecore. L'aria è profumata dall'odore di fieno tostato dei campi falciati.

"Ma qui!... Ci sono solo rovine qui! Dove ci stai portando? La città è laggiù."

"Lo so. Venite. Seguite il ruscello, dietro di Me. Ancora pochi passi e... e vi offrirò la dimora del Re di Israele."
Giuda scrolla le spalle e si calma.

Ancora pochi passi, poi un mucchio di case in rovina: resti di case... Una caverna tra i crepacci di un grosso muro.
Gesù chiede: "Avete degli stoppacci? Accendeteli."

Simone accende una piccola lampada che ha estratto dal suo zaino e la porge a Gesù.

"Entrate" dice il Maestro alzando la lampada. "Entrate. Questa è il luogo della natività del Re di Israele."

"Starai scherzando, Maestro! E' una sporca tana. Ah! Io non resterò qui! Mi fa ribrezzo: è umida, fredda, puzzolente, piena di scorpioni e forse anche di serpenti..."

"Eppure... amici Miei, qui la notte del venticinque di Kislev, la Festa della Luce, Gesù Cristi nacque dalla Vergine, l'Emmanuele, il Verbo di Dio fatto uomo, per amore dell'uomo: Io Che sto parlando con voi. Anche allora, come adesso, il mondo era sordo alle voci del Paradiso che parlavano ai cuori degli uomini... e rifiutò la Madre... No, Giuda, non volgere il tuo sguardo per il disgusto per questi pipistrelli svolazzanti, per queste lucertole verdi, per queste ragnatele, non sollevare per il disgusto il tuo bel mantello ricamato, per non trascinarlo sul terreno coperto di escrementi di animali. Quei pipistrelli sono i nipoti di quelli che furono i primi giocattoli ad essere scossi davanti agli occhi del Bambino, per Cui gli angeli cantarono il 'Gloria' udito dai pastori, intossicati solo da una gioia estatica, una vera gioia. Il verde smeraldo di quelle lucertole fu il primo colore a colpire i Miei occhi, il primo, dopo il bianco del volto e del vestito di Mia Madre. Quelle regnatele furono il baldacchino della Mia culla reale. Questo terreno... oh! Puoi camminare su di esso senza disprezzo... è cosparso di escrementi... ma è santificato da Suo piede, il Piede della Santa, la Santissima, Pura, Immacolata Madre di Dio, Che diede alla luce, poiché Ella avrebbe dato alla luce, perché Dio, non l'uomo, lo disse a Lei e La coprì con la Sua ombra. Ella, l'Immacolata, lo calpestò. Puoi calpestarlo anche tu. E possa la purezza diffusa da Lei, per la volontà di Dio, sollevarsi dalle suole dei tuoi piedi fino al tuo cuore..."

Simone è in ginocchio. Giovanni va dritto alla mangiatoia e piange, posando la testa su di essa. Giuda è atterrito... è sopraffatto dall'emozione, e non è più preoccupato del suo bel mantello, si inginocchia sul terreno, prende l'orlo della tunica di Gesù e la bacia e si percuote il petto dicendo: "Oh! Mio buon Maestro, abbi misericordia della cecità del Tuo servitore! Il mio orgoglio svanisce... io Ti vedo per come sei. Non il Re che immaginavo. Ma il Principe Eterno, il Padre dei secoli futuri, il Re della pace. Abbi misericordia, mio Signore e mio Dio, abbi misericordia di me!"

"Sì, tu hai tutta la Mia misericordia! Ora dormiremo dove dormirono l'Infante e la Vergine, laggiù dove Giovanni ha preso il posto della Madre adorante, qui dove Simone appare come il Mio padre putativo. O, se preferite, vi parlerò di quella notte..."

"Oh! Sì, Maestro, parlaci della Tua nascita."

"In modo che una perla luminosa possa splendere nei nostri cuori. E che possiamo raccontarlo a tutto il mondo!"

"E che possiamo venerare la Tua Vergine Madre, non solo come Tua Madre, ma anche come... come la Vergine!" Giuda è stato il primo a parlare, seguito da Simone e Giovanni, il cui volte sorride e piange, accanto alla mangiatoia.

"Venite a sedervi sul fieno. Ascoltate..." e Gesù racconta loro della notte della sua nascita. "... quando la Madre fu vicina al momento di avere il Suo Bambino, fu emanato un decreto dal delegato imperiale Publio Sulpicio Quirinio su ordine di Cesare Augusto, quando Senzio Saturnino era governatore della Palestina. Il decreto stabiliva che si sarebbe dovuto tenere un censimento di tutta la popolazione dell'impero. Coloro che non erano schiavi avrebbero dovuto recarsi nei loro luoghi d'origine e registrarsi nei registri ufficiali dell'impero. Giuseppe, lo sposo della Madre, era della discendenza di Davide ed anche la Madre era della discendenza di Davide. In osservanza al decreto, lasciarono Nazaret e vennero a Betlemme, la culla della famiglia reale. Il tempo era rigido..."

Gesù Si Reca All'albergo A Betlemme E Predica Dalle Rovine Della Casa Di Anna.

E' presto, in una splendida mattina d'estate e sottili strisce di nuvole rosa appaiono come tratti di pennello o come strisce di tessuto consumate su un tappeto turchese.
Gli uccelli, rallegrati dalla luce splendente, riempiono l'aria di canti di passeri, merli e pettirossi che fischiettano, cinguettano e schiamazzano su uno stelo, un verme o un rametto che vogliono portare nel loro nido, da mangiare o su cui riposare.

Rondini dal dorso color ruggine sfrecciano dal cielo fino al piccolo ruscello per bagnarsi il petto bianco come la neve, rinfrescarsi e catturare una piccola mosca ancora addormentata su un piccolo stelo e poi sfrecciare indietro nel cielo in un lampo, come una lama incandescente, cinguettando allegramente.
Lungo le rive del ruscello, due cutrettole dalla testa blu, vestite di color cenere pallido, camminano con grazia come due damigelle; tenendo alte le lunghe code adorne di piccole macchie nere come il velluto. Si fermano a guardare i loro bei riflessi nell'acqua prima di riprendere il cammino, mentre un merlo, un vero furfante del bosco, le deride, fischiando con il suo lungo becco.

Nel fitto fogliame di un melo selvatico che cresce da solo accanto alle rovine, un usignolo chiama insistentemente il suo compagno, diventando silenzioso solo quando lo vede arrivare con un lungo bruco che si contorce nella morsa del suo becco sottile. Due colombi di città scappati da un nido, che ora dimorano nella libertà di un crepaccio in una torre in rovina, manifestano le loro effusioni d'amore; il maschio tubando seduttivamente a beneficio della modesta femmina.

Con le braccia conserte Gesù guarda tutte le creature felici e sorride.

"Sei già pronto, Maestro?" chiede Simone, dietro di Lui.

"Sì. Gli altri stanno ancora dormendo?"

"Sì."

"Sono giovani... Mi sono lavato in quel ruscello... l'acqua è così fresca che schiarisce la mente..."

"Vado a lavarmi ora."

Mentre Simone, indossando solo una tunica corta, si lava e si veste, Giuda e Giovanni arrivano. "Saluti, Maestro, siamo in ritardo?"

"No, è ancora l'alba. Ma ora affrettatevi e andiamo."

I due si lavano e indossano le loro tuniche e i mantelli. Gesù, prima di partire, raccoglie alcuni fiorellini che sono cresciuti tra le fenditure di due rocce e li mette in una piccola scatola di legno che contiene altri oggetti; "Li porterò a Mia Madre..." spiega. "Li amerà... Andiamo."
"Dove, Maestro?"

"A Betlemme."

"Di nuovo? Non credo che la situazione ci sia favorevole ..."

"Non importa. Andiamo. Voglio mostrarvi dove vennero i Magi e dov'ero Io."

"In tal caso, ascolta. Perdonami, mi perdonerai, Maestro? Ma lasciami parlare. Facciamo una cosa. A Betlemme e all'albergo, lascia che parli e risponda io alle domande. Voi galilei ora siete visti malissimo in Giudea, e ancora meno qui che altrove. Anzi, facciamo così: i vostri vestiti rivelano che Tu e Giovanni siete galilei. E' troppo facile. E poi... i vostri capelli! Perché continuate a portarli così lunghi? Simone ed io scambieremo i mantelli con i vostri. Simone, dai il tuo a Giovanni, io darò il mio al Maestro. Ecco! Vedi? Sembri già più simile a un giudeo. Ora prendi questo." E si toglie il suo copricapo: a strisce gialle, marroni, rosse e verdi, come il suo mantello, tenuto da una corda gialla, lo mette in testa a Gesù, sistemandolo lungo le guance per nascondere i Suoi capelli biondi. Giovanni indossa quello molto scuro di Simone. "Oh! Va meglio ora. Ho senso pratico."

"Sì, Giuda, hai senso pratico. Questo è vero. Bada, comunque, che non superi l'altro senso."

"Quale, Maestro?"

"Il senso spirituale."

"No! No! Ma in certi casi paga di più essere un politico che un ambasciatore. E ascolta... stai buono ancora un po'... è per il Tuo bene... Non contraddirmi se dovessi dire qualcosa... qualcosa... che non è vero."

"Cosa intendi? Perché mentire? Io sono la Verità e non voglio bugie in Me o attorno a Me."

"Oh! Dirò solo mezze bugie. Dirò che stiamo tornando da luoghi lontani, dall'Egitto ad esempio, e che cerchiamo notizie di cari amici. Dirò che siamo giudei di ritorno dall'esilio. Dopo tutto, c'è un po' di verità in tutto, e parlerò io e... una bugia in più, una in meno... "

"Ma Giuda! Perché ingannare?"

"Non preoccuparti, Maestro! Il mondo vive di inganni. E' a volte l'inganno è una necessità. Bene: per farti felice, dirò solo che veniamo da lontano e che siamo giudei. Che è vero per tre su quattro di noi. E tu, Giovanni, per favore non parlare per niente. Ti ingannneresti."

"Starò tranquillo."

"Poi... se tutto andrà bene... diremo il resto. Ma non credo... sono astuto, afferro subito le cose."

"Lo vedo, Giuda. Ma preferirei che fossi semplice."

"Non è molto d'aiuto. Nel Tuo gruppo, io sarò colui che affronterà le missioni difficili. Lasciami continuare." Gesù è riluttante. Ma accetta.

Partono, camminando prima intorno alle rovine e poi lungo un massiccio muro senza finestre, dall'altra parte del quale arrivano ragli, muggiti, belati e i bizzarri versi di cammelli. Svoltano a un angolo del muro e si ritrovano nella piazza di Betlemme, con una fontana al centro. La forma della fontana è ancora obliqua come nella notte della visita dei Magi, ma lungo la strada dove la piccola casa che nella stessa notte era stata bagnata dai raggi

argentini della Stella, c'è ora solo una larga apertura
piena di rovine, sormontata dalla piccola scala esterna e
dal suo pianerottolo.
Gesù guarda e sospira.

La piazza è piena di gente attorno a mercanti di cibo,
utensili, vestiti e altri oggetti, tutti sparsi su tappeti
o in cestini per terra, con i mercanti chinati al centro
dei loro... negozi o in piedi, urlando e gesticolando con
acquirenti avari.

"E' il giorno del mercato" dice Simone.

L'ingresso principale dell'albergo dove avevano alloggiato
i Magi è spalancato e una fila di asini carichi di beni
sta uscendo. Giuda entra per primo, si guarda attorno
arrogantemente e afferra uno sporco facchino in maniche
corte, con la sua corta tunica che arriva alle ginocchia.

"Facchino!" urla. "Il padrone! Presto! Fai presto! Non sono
abituato ad aspettare la gente."
Il ragazzo corre via, tirandosi dietro una scopa.

"Ma Giuda! Che maniere!"

"Stai tranquillo, Maestro. Lasciami fare. E' importante
che ci considerino gente ricca che proviene dalla città."

Il padrone accorre e si inchina ripetutamente a Giuda,
che appare solenne nel mantello rosso scuro di Gesù
indossato sulla sua sontuosa tunica gialla piena di
frange.

"Siamo venuti da lontano, buonuomo. Siamo giudei delle
comunità asiatiche. Questo gentiluomo, nato a Betlemme

e perseguitato, ora sta cercando dei cari amici. Noi siamo con Lui. Siamo venuti da Gerusalemme, dove abbiamo adorato l'Altissimo nella Sua Casa. Puoi darci alcune informazioni?"

"Mio signore... il tuo servitore... farà tutto per te. Dammi i tuoi ordini."

"Vogliamo informazioni su molti... e soprattutto su Anna, la donna la cui casa era di fronte al tuo albergo."

"Oh! Povera donna! La troverai solo nel grembo di Abramo. E i suoi figli con lei."

"E' morta? Come?"

"Non sai del massacro di Erode? Tutto il mondo ne ha parlato e anche Cesare l'ha chiamato 'un maiale che si nutre di sangue'. Oh! Cosa ho detto? Non riferirlo! Sei davvero un giudeo?"

"Ecco il segno della mia stirpe. Allora? Vai avanti."

"Anna fu uccisa dai soldati di Erode, con tutti i suoi figli, eccetto una figlia."

"Ma perché? Era così buona?"

"La conoscevi?"

"Sì, molto bene." Giuda mente spudoratamente.

"Fu uccisa perché diede ospitalità a coloro che dissero di essere il padre e la madre del Messia... Venite qui, in questa stanza... I muri hanno orecchie ed è pericoloso parlare di certe cose."

Entrano in una stanza bassa e buia e si siedono su un divano basso.

"Ora... Io avevo un naso meraviglioso. Non sono un albergatore per niente. Sono nato qui, il figlio di figli di albergatori. Le astuzie sono nel mio sangue. E non ne ho avute. Avrei potuto trovare un nascondiglio per loro. Ma... poveri, sconosciuti galilei quali erano... Oh! No! Ezechia non cadrà nella trappola! E ho sentito... ho sentito che erano diversi... quella donna... i Suoi occhi... qualcosa... no, no... Deve aver avuto un demone dentro se stessa e parlò con lui. E lo condusse... non da me... ma in città. Anna era più innocente di un agnellino, e diede loro ospitalità qualche giorno dopo, quando Ella aveva già avuto il Bambino. Dissero che era il Messia... Oh! I soldi che ho fatto in quei giorni! Il censimento fu nulla a confronto! Venne qui molta gente che non aveva niente a che fare con il censimento. Vennero anche dal mare, anche dall'Egitto a vedere... e durò per mesi! Che profitto ne trassi! Gli ultimi a venire furono tre re, tre persone potenti, tre magi... non saprei! Che carovana! Infinita!
Presero tutte le stalle e pagarono in oro tanto fieno che sarebbe potuto durare un mese, e andarono via il giorno dopo, lasciando tutto qui. E che doni diedero ai garzoni e alle donne!
E a me! Oh! Posso solo parlar bene del Messia, che fosse vero o falso. Mi ha fatto guadagnare mucchi di denaro. E non ho avuto sventure. Nessuno della mia famiglia morì, perché mi ero appena sposato. Così... ma gli altri!"

"Vorremmo vedere i luoghi del massacro."

"I luoghi? Ma ogni casa fu il luogo di un massacro. Fu

uccisa gente per miglia attorno a Betlemme. Venite con me."

Salgono per una scalinata su un ampio tetto terrazzato da cui scorgono gran parte della campagna e tutta Betlemme distesa sulle colline come un ventaglio aperto.

"Vedete i punti in rovina? Laggiù anche le case furono incendiate perché i padri difesero i loro figli con le armi. Vedete laggiù, quello che sembra un pozzo coperto di edera? Quelli sono i resti della sinagoga. Fu incendiata con il sacerdote che dichiarò che era davvero il Messia... incendiata dai sopravvissuti, inselvaggiti per l'assassinio dei loro figli. Abbiamo avuto problemi per quello dopo... E lì, e lì, lì... vedete quei sepolcri? Le vittime sono sepolte là. Sembrano piccole pecore sparse su tutto il prato, fin dove arriva l'occhio. Tutti gli innocenti e i loro padri e le loro madri... Vedete quella vasca? L'acqua che conteneva era rossa dopo che gli assassini lavarono in essa le armi e le loro mani. E il ruscello qui dietro, l'avete visto? Era rosa del sangue che scorreva in esso dalle fogne. E lì, laggiù, di fronte a noi. Ecco cosa rimane della casa di Anna."

Gesù sta piangendo.

"La conoscevi bene?"

Giuda risponde: "Era come una sorella per Sua Madre. Vero, amico mio?"

"Sì. " dice Gesù, semplicemente.

"Capisco" dice l'albergatore che diventa pensieroso. Gesù si piega in avanti per parlare con Giuda a bassa voce.

"Il mio amico vorrebbe andare tra quelle rovine" dice

Giuda.

"Lascialo andare! Appartengono a tutti!"

Tornano giù, salutano ed escono lasciando deluso l'oste che sperava di guadagnare qualcosa.
Attraversano la piazza e si inerpicano sulla piccola scalinata lasciata eretta sulle rovine della casa di Anna e sul pianerottolo che è circa due metri al di sopra della piazza. Gesù si ferma accanto al muretto che cinge il pianerottolo, con il vuoto alle Sue spalle. Dalla piazza, la Sua figura si staglia chiaramente contro il sole che splende dietro di Lui, formando un alone attorno ai Suoi capelli dorati e rendendo la Sua tunica di lino bianco come la neve - l'unico indumento che ancora indossa - di un bianco brillante. Il Suo mantello gli è caduto dalle spalle e ora giace ai Suoi piedi come un piedistallo multicolore.

"Da qui" dice Gesù "Mia Madre Mi ha fatto salutare con la mano i Tre Saggi e da qui siamo partiti per andare in Egitto."

La gente guarda i tre uomini sulle rovine ed uno chiede: "Sono parenti di Anna?"

"Sono amici."

"Non fate del male alla povera donna morta..." urla una donna "... non fatelo, come fecero altri amici quando era viva, e poi scapparono."

Gesù distende le braccia, ma quando Giuda vede il gesto dice: "Non parlare! Non è saggio!"

Ma la voce potente di Gesù riempie la piazza: "Uomini di Giuda! Uomini di Betlemme, ascoltate! Donne della terra sacra a Rachele, ascoltate! Ascoltate Colui Che discende da Davide, e avendo sofferto persecuzioni, è divenuto degno di parlare, e vi sta parlando per darvi luce e conforto. Ascoltate."

La gente smette di urlare, litigare e comprare e si raduna.

"E' un rabbino!"

"Viene certamente da Gerusalemme."

"Chi è?"

"Che bell'uomo!"

"E che voce!"

"E i Suoi modi!"

"Certamente, è della Casa di Davide!"

"E' uno dei nostri, allora!"

"Ascoltiamolo!"

Tutta la folla si è ora radunata accanto alla scaletta che sembra un pulpito.

"Nella Genesi è scritto: 'Vi renderò nemici l'un l'altro: te e la donna: Ella ti colpirà in testa e tu la colpirai al tallone.' E' anche scritto: 'Io moltiplicherò i tuoi dolori nella gravidanza... e il suolo ti porterà rovi e cardi.' Quella fu la sentenza contro l'uomo, la donna e il serpente. Io sono venuto da lontano a venerare la tomba di Rachele, nella brezza della sera, nella rugiada della notte, nel triste canto mattutino dell'usignolo.

Ho sentito ripetersi gli antichi singhiozzi di Rachele, e furono ripetuti dalle bocche di molte madri di Betlemme, nelle loro tombe e nei loro cuori. E ho sentito ruggire il dolore di Giacobbe nel dolore dei mariti vedovi privati delle loro mogli, uccise dal dolore... Io piango con voi... Ma ascoltate, fratelli della Mia terra. Betlemme, la terra benedetta, l'ultima delle città di Giuda, ma la più grande agli occhi di Dio e dell'umanità, sollevò l'odio di Satana perché fu la culla del Salvatore, come dice Mica, destinata ad essere il tabernacolo su cui la Gloria di Dio, il Fuoco di Dio, il Suo Amore Incarnato avrebbe riposato. 'Vi renderò nemici l'un l'altro: te e la donna; Ella ti colpirà in testa e tu la colpirai al tallone.' Quale inimicizia è più grande di quella diretta ai figli delle madri, il vero cuore di una donna? E quale tallone è più forte di quello della Madre del Salvatore? La vendetta di Satana sconfitto è stata pertanto naturale: egli non ha colpito i talloni, ma i cuori delle madri, a causa della Madre.

Oh! I dolori si sono moltiplicati quando i bambini furono perduti dopo esser stati partoriti! Oh! E' stato grande il dolore di essere un padre senza figli dopo aver seminato e lavorato per il germoglio! Tuttavia, Betlemme, rallegrati! Il tuo sangue puro, il sangue degli innocenti ha preparato una strada di colore porpora ardente per il Messia..."

Alla menzione del Salvatore e della Madre, la folla diviene sempre più turbolenta e ora mostra chiari segni di agitazione.

"Stai calmo, Maestro, e andiamo" dice Giuda.
Ma Gesù va avanti: "... perché il Messia, Che la Grazia di Dio-Padre ha salvato dai tiranni per preservarlo per il

Suo popolo e la sua salvezza e..."

La voce acuta di una donna che grida istericamente si diffonde... "Cinque, cinque ne ho partoriti ed ora nessuno è nella mia casa. Povera me!"

Il tumulto comincia.
Un'altra donna si rotola nella polvere, si strappa il vestito e mostra un seno mutilato del capezzolo, urlando: "Qui, qui su questo seno hanno assassinato il mio primogenito! La spada tagliò il suo volto e il mio capezzolo allo stesso tempo. Oh! Il mio Ellis!"

"Ed io! Ed io? Ecco il mio palazzo reale. Tre tombe in una, sorvegliate dal padre: mio marito e i miei figli assieme. Là, là! Se esiste un Salvatore, fa' che Mi riporti indietro i miei bambini, fa che mi salvi dalla disperazione, da Belzebù deve salvarmi."

Tutti urlano: "I nostri figli, i nostri mariti, i nostri padri! Fa' che ce li riporti indietro, se esiste!"

Gesù scuote le braccia imponendo silenzio. "Fratelli della Mia terra: Vorrei riportarvi i vostri figli, nella loro carne. Ma vi dico: siate buoni, rassegnatevi, perdonate, sperate, rallegratevi nella speranza ed esultate in una certezza: avrete presto i vostri figli, angeli nel Paradiso, perché il Messia sta per aprire le porte del Paradiso, e se sarete giusti, la morte sarà una nuova Vita e un nuovo Amore...!
"

"Ah! Sei Tu il Messia? In nome di Dio, diccelo."

Gesù abbassa le braccia in un gesto così dolce e gentile, come se li stesse abbracciando tutti, e dice:
"Sì, sono Io."

"Vattene! Vattene! E' colpa Tua, allora!" Ci sono fischi e insulti e un sasso fende l'aria diretto al pianerottolo. Giuda, reagendo istintivamente, balza di fronte a Gesù, sul muro basso del pianerottolo, con il mantello spalancato e, intrepido, fa scudo a Gesù dalle pietre. Il sasso colpisce Giuda al volto facendolo sanguinare, ma egli urla a Giovanni e Simone: "Portate via Gesù. Dietro quegli alberi. Io vi seguirò. Andate, nel nome del Paradiso!" E urla alla folla: "Cani impazziti! Io sono del Tempio e vi denuncerò al Tempio e a Roma."

Per un momento, la folla è spaventata. Poi la pioggia di pietre ricomincia subito ma, fortunatamente, il loro obiettivo manca. E Giuda, senza paura, raccoglie un sasso lanciato a lo rilancia sulla testa di un uomo anziano che urla come una gazza spennata viva! Anche Giuda risponde con un linguaggio offensivo alle maledizioni della folla.
Quando la folla tenta di salire sul suo piedistallo, egli scende dal muretto, raccoglie velocemente un vecchio ramo dal terreno e lo scaglia senza pietà su dorsi, teste e mani. Alcuni soldati accorrono sul posto e con le loro lance si fanno strada tra la folla: "Chi sei Tu? Perché questa rissa?"

"Sono un giudeo e sono stato attaccato da questi plebei. Un rabbino, ben conosciuto ai sacerdoti, era con me. Stava parlando a questi cani. Ma si sono inselvaggiti e ci hanno attaccato."

"Chi sei Tu?"

"Giuda di Kariot, ero un uomo del Tempio. Ora, sono un discepolo del rabbino Gesù di Galilea e un amico di Simone il Fariseo, di Giovanni il Sadduceo e di Giuseppe

di Arimatea, il consigliere del sinedrio, e infine, di
Eleazar ben Anna, il grande amico del proconsole, e puoi
controllare."

"Lo farò. Dove stai andando?"

"Sto andando a Kariot con il mio amico, poi a
Gerusalemme."

"Vai. Vi proteggeremo alle spalle."

Giuda porge alcune monete al soldato. E' illegale...
ma piuttosto comune, perché il soldato le prende
rapidamente e cautamente, saluta e sorride. Giuda
salta giù dalla sua piattaforma e attraversa il campo
non coltivato, con qualche balzo, finché raggiunge i suoi
compagni.

"Ti sei ferito gravemente?"

"No, non è niente, Maestro! In ogni caso, è per Te... Ma
anch'io ho dato loro una lezione. Devo essere coperto di
sangue..."

"Sì, sulla guancia. C'è un rivolo qui."

Giovanni bagna un pezzetto di stoffa e lo passa sulla
guancia di Giuda.
"Mi dispiace, Giuda... Ma vedi... dir loro che siamo
Giudei, secondo il tuo buon senso pratico..."
"Sono delle bestie. Credo che Tu ora ne sia convinto,
Maestro. E spero che non insisterai..."
"Oh! No! Non perché ho paura. Ma perché è inutile,
ora. Quando non ci vogliono, non dobbiamo maledirli,
ma ritirarci in preghiera per la gente povera e folle, che
muore di fame e non vede il Pane. Andiamo lungo questo

sentiero fuori mano, verso i pastori, se riusciamo a trovarli. Penso che potremo proseguire verso la strada di Hebron..."

"Per farci lanciare altre pietre? "

"No. Per dir loro: 'Io sono qui.' "

"Cosa? ... Ci picchieranno certamente. Hanno sofferto per trent'anni a causa Tua."

"Vedremo."

E scompaiono in un boschetto fresco, ombreggiato e fitto.

Gesù E I Pastori Elia, Levi E Giuseppe.

Le colline salgono sempre più in alto e le foreste diventano sempre più fitte fuori da Betlemme, fino a formare una vera catena montuosa. Gesù, arrampicandosi per primo, si guarda attorno in silenzio come se fosse ansioso di trovare qualcosa. Egli ascolta più le voci del bosco che quelle degli apostoli che sono a qualche metro da Lui e parlano tra di loro. Ascoltando, Egli ode il din don di una campana trasportato dal vento e sorride. Poi, voltandosi, dice:

"Sento le campane delle pecore."

"Dove, Maestro?"

"Credo vicino a quella collinetta. Ma il bosco Mi impedisce di vedere."

Per il caldo gli apostoli si sono tolti i mantelli, li hanno arrotolati e li portano sulla schiena. Senza esitazione, Giovanni si toglie l'altra tunica e ora, indossando solo la sua tunica corta, getta le braccia attorno a un tronco di frassino alto e liscio e si arrampica... fin quando non riesce a vedere.

"Sì, Maestro. Ci sono varie mandrie e tre pastori laggiù, dietro quel boschetto.
Torna indietro e procedono, sicuri del loro percorso.

"Saranno loro?"

"Chiederemo, Simone, e se non sono loro, ci diranno qualcosa... Si conoscono."
Dopo un centinaio di metri, escono su un ampio pascolo verde, completamente circondato da giganteschi alberi molto vecchi e molte pecore che pascolano sull'erba fitta del campo ondulato. Ci sono anche tre uomini, che guardano le pecore: uno vecchio con i capelli tutti bianchi, un secondo uomo di circa trent'anni e il terzo di circa quarant'anni.

"Stai attento, Maestro. Sono pastori..." avverte Giuda quando vede Gesù allungare il passo.
Ma, senza rispondere a Giuda, Gesù si affretta, alto e bello nella Sua tunica bianca e con il sole al tramonto di fronte a sé, sembra un angelo.

"La pace sia con voi, Miei amici" saluta quando raggiunge il confine del campo.
I tre uomini si voltano, sorpresi. C'è una pausa silenziosa... poi l'uomo più anziano chiede:
"Chi sei? "

"Qualcuno Che ti ama."

"Saresti il primo in tanti anni. Di dove sei?"

"Della Galilea."

"Della Galilea? Oh!" L'uomo Lo guarda attentamente... e gli altri due si avvicinano.

"Della Galilea" ripete il pastore. E a voce molto bassa, come parlando tra sé, aggiunge "Anche Lui veniva dalla Galilea", e di nuovo ad alta voce, il pastore chiede "Da quale città, mio Signore?"

"Da Nazaret."

"Oh! Bene, dimmi. E' mai tornato a Nazaret un Bambino, un Bambino con una donna il cui nome era Maria e un uomo chiamato Giuseppe, un Bambino, Che era ancora più bello di Sua Madre, così bello che non ho mai visto un fiore più bello sulle pendici di Giuda? Un Bambino nato a Betlemme di Giuda, al tempo dell'editto? Un Bambino che dopo fuggì, ancora più fortunatamente per il mondo. Un Bambino, oh! Darei la mia vita solo per sentire se è vivo... Dev'essere un uomo ora."

"Perché dici che la Sua fuga fu una grande fortuna per il mondo?"

"Perché Egli era il Salvatore, il Messia ed Erode Lo voleva morto. Io non c'ero quando fuggì con Suo padre e Sua madre. Quando sentii del massacro e tornai... perché anch'io avevo figli (singhiozza), mio Signore, e una moglie... (singhiozza), e sentii che erano stati uccisi (singhiozza ancora), ma giuro sul Dio di Abramo che ero più preoccupato per Lui che per la mia stessa famiglia – sentii che era fuggito e non potevo nemmeno far domande; non potei nemmeno portar via le mie creature assassinate... Mi lanciarono pietre, come fanno con i lebbrosi e la gente impura, mi trattarono come un assassino... e dovetti nascondermi nei boschi, e vivere come un lupo... fin quando trovai un maestro. Oh! Non è più Anna... E' duro e crudele... Se una pecora si fa male, se un lupo cattura un agnello, o mi pesta a sangue o mi

toglie il misero stipendio, e devo lavorare nel bosco per altra gente, devo fare qualcosa, per ripagarlo tre volte tanto.
Ma non importa. Ho sempre detto all'Altissimo: 'Fa che io veda il Tuo Messia, almeno fammi sapere che è vivo, e tutto il resto non è nulla.' Mio Signore, Ti ho detto come mi ha trattato la gente di Betlemme, e come mi tratta il mio padrone. Avrei potuto ripagarli delle loro stesse monete, avrei potuto offenderli, rubando, in modo da non soffrire a causa del mio padrone. Ma ho preferito soffrire, perdonare, essere onesto, perché gli angeli dissero: 'Gloria a Dio nell'Alto dei Cieli e pace in terra agli uomini di buona volontà.'"

"E' ciò che dissero?"

"Sì, mio Signore, devi credermi, almeno Tu Che sei buono. Devi sapere e credere che il Messia sia nato. Nessuno ci crederebbe ormai. Ma gli angeli non mentono... e noi non eravamo ubriachi, come dissero. Quest'uomo qui era un ragazzo allora e fu il primo a vedere l'angelo. Aveva bevuto solo latte. Il latte può ubriacare? L'angelo disse: 'Oggi, nella città di Davide è nato il Salvatore, è Cristo, il Signore. Ed ecco un segno per voi. Troverete un Bambino in fasce Che giace in una mangiatoia.'"

"Dissero esattamente questo? Non li fraintendeste? Non sei confuso, dopo così tanto tempo?"

"Oh! No! Vero, Levi? Per non dimenticare, – non avremmo potuto dimenticare in ogni caso, perché furono parole paradisiache e furono scritte nei nostri cuori con un fuoco paradisiaco – ogni mattina, ogni sera, quando il sole sorge, quando la prima stella comincia a brillare, le ripetiamo come una preghiera, come una benedizione, per avere forza e conforto nel Suo nome e in quello di Sua Madre."

"Ah! Hai detto: 'Cristo'?"

"No, mio Signore. Noi diciamo: 'Gloria a Dio nell'Alto dei Cieli e pace in terra agli uomini di buona volontà, attraverso Gesù Cristo Che è nato da Maria in una stalla a Betlemme e Che, in fasce, giaceva in una mangiatoia, Colui Che è il Salvatore del mondo.'"

"Ma, in breve, chi state cercando?"

"Gesù Cristo, il Figlio di Maria, il Nazareno, il Salvatore."

"Sono Io." E Gesù è radiante mentre si rivela ai Suoi perseveranti, fedeli e pazienti amici.

"Tu! Oh! Signore, Salvatore, il Nostro Gesù!" I tre uomini si prostrano al terreno e baciano i piedi di Gesù, piangendo di gioia.

"Alzatevi. Alzatevi. Elia e tu, Levi, e tu, di cui non conosco il nome."

"Giuseppe, il figlio di Giuseppe."

"Questi sono i Miei discepoli, Giovan

ni, un galileo, Simone e Giuda, giudei."

I pastori non sono più prostrati al terreno, ma in ginocchio, seduti sui talloni. E così adorano il Salvatore con occhi amorevoli e labbra tremanti, mentre i loro volti diventano bianchi e rossi dalla gioia. Gesù si siede sull'erba.

"No, mio Signore. Tu, Re di Israele, non devi sederti sull'erba."

"Non preoccupatevi, miei cari amici. Io sono povero. Un carpentiere per il mondo. Sono ricco solo del Mio amore per il mondo, e dell'amore che ricevo dalla gente buona. Sono venuto a stare con voi, per condividere il pasto serale con voi e dormire accanto a voi sulla paglia, e ricevere il vostro conforto ad alta voce "

"Oh! Conforto! Noi siamo rozzi e perseguitati!"

"Anch'io sono perseguitato. Ma voi Mi date ciò che cerco: amore, fede e speranza, una speranza che durerà anni e porterà fiori. Vedete? Voi Mi avete aspettato e avete creduto senza il minimo dubbio che Io fossi il Messia. E sono venuto da voi."

"Oh! Sì! Sei venuto. Ora, anche se morirò, non sarò turbato dall'aver atteso invano."

"No, Elia. Tu vivrai fino al trionfo di Cristo e oltre. Tu hai visto la Mia alba, devi vedere la Mia Gloria. E gli altri? Eravate dodici: Elia, Levi, Samuele, Giona, Isacco, Tobia, Gionata, Daniele, Simeone, Giovanni, Giuseppe, Beniamino. Mia madre Mi ha sempre menzionato i vostri nomi. Perché siete stati i Miei primi amici."

"Oh!" I pastori sono sempre più commossi.

"Dove sono gli altri?"

"Il vecchio Samuele morì di vecchiaia circa vent'anni fa. Giuseppe fu ucciso perché combatté all'entrata del recinto per dar tempo a sua moglie, che era divenuta madre solo poche ore prima, di fuggire con quest'uomo,

che io presi con me per il bene del mio amico... anche per avere di nuovo dei bambini intorno a me. Presi con me anche Levi... fu perseguitato. Beniamino è un pastore in Libano con Daniele. Simeone, Giovanni e Tobia, che ora vuol farsi chiamare Matteo in memoria di suo padre che fu anche ucciso, sono discepoli di Giovanni.
Giona lavora sulla piana di Esdrelon per un fariseo. Isacco soffre molto per la sua schiena che è piegata in due. Vive in terribile povertà, tutto solo a Juttah. Noi lo aiutiamo più che possiamo, ma siamo stati tutti duramente colpiti e il nostro aiuto è come gocce di rugiada su un fuoco. Gionata ora è il servo di uno dei prezzi grossi di Erode."

"Come avete fatto voi, e soprattutto Gionata, Giona, Daniele e Beniamino a ottenere questi impieghi?"

"Mi ricordai del Tuo parente Zaccaria... Tua madre mi aveva mandato da lui. Quando eravamo nelle gole sulle montagne di Giudea, fuggitivi e maledetti, li portai da lui. Fu buono con noi. Ci diede rifugio e cibo. E ci trovò un lavoro. Fece quel che poté. Io avevo già portato tutto il gregge di Anna per l'erodiano... e restai con lui... Quando il Battista, divenuto uomo, cominciò a predicare, Simone, Giovanni e Tobia andarono da lui."

"Ma ora il Battista è in prigione."

"Sì, e loro sono di guardia vicino a Macheronte, con alcune pecore, per evitare di destare sospetti. Le pecore furono date loro da un uomo ricco, un discepolo del Tuo parente Giovanni."

"Vorrei vederli tutti."

"Sì, mio Signore. Andremo a dir loro: 'Venite, Egli è vivo. Si ricorda di noi e ci ama.'"

"E vuole che siate Suoi amici."

"Sì, mio Signore."

"Ma andremo prima da Isacco. E dove sono sepolti Samuele e Giuseppe?"

"Samuele a Hebron. E' rimasto al servizio di Zaccaria. Giuseppe... non ha una tomba. Fu bruciato con la casa."

"Non è più nel fuoco crudele, ma nelle fiamme dell'amore di Dio e sarà presto nella Sua gloria. Vi dico che è così, e in particolare a te, Giuseppe, figlio di Giuseppe. Vieni qui, in modo che possa baciarti per ringraziare tuo padre."

"E i miei figli?"

"Essi sono angeli, Elia. Angeli che ripeteranno il "Gloria" quando il Salvatore sarà incoronato."

"Re?"

"No, Redentore. Oh! Quale processione di giusti e santi! E in testa ci saranno le falangi bianche e porpora dei martiri! Appena si apriranno la porte del Limbo, ascenderemo insieme al Regno eterno. E allora voi verrete e troverete i vostri padri, madri e figli nel Signore! Credetemi."

"Sì, mio Signore."

"Chiamatemi: Maestro. Sta diventando buio. la prima stella del mattino sta cominciando a splendere. Dite le vostre preghiere prima di cena."

"Non io. Dille tu, per favore."

I discepoli e i pastori rimangono in ginocchio mentre Gesù si alza e, con le braccia distese, prega:
"Gloria a Dio nell'Alto dei Cieli e pace in terra agli uomini di buona volontà che avranno meritato di vedere la Luce e servirla. Il Salvatore è tra loro. Il Pastore regale è con il Suo gregge. La Stella del mattino è sorta. Rallegratevi, gente giusta! Rallegratevi nel Signore. Colui Che creò le volte del paradiso e le cosparse di stelle, Che collocò i mari ai confini della terra, Che creò i venti e la rugiada, e fissò il corso delle stagioni per dare pane e vino ai Suoi figli, ora vi manda un cibo più Sublime: il Pane vivente che discende dal Paradiso, il Vino della Vigna eterna. Venite a Me, voi che siete i Miei primi adoratori. Venite a conoscere il Padre Eterno nella verità, a seguirlo nella santità e a ricevere la Sua ricompensa eterna."

I pastori offrono pane a altro latte, e poiché ci sono solo tre zucche vuote usate come ciotole, Gesù è il primo a mangiare, con Simone e Giuda. Poi Giovanni, a cui Gesù porge la sua ciotola, con Levi e Giuseppe. Elia è l'ultimo. Le pecore hanno finito di pascolare e ora si sono radunate in un gruppo compatto, forse in attesa di essere condotte al loro recinto. I tre pastori conducono le pecore nel bosco, in un capanno rustico fatto di rami e cinto da funi. Poi, laboriosamente, preparano un letto di paglia per Gesù e i Suoi discepoli, e dopo accendono dei fuochi per tenere lontano gli animali selvatici.

Giuda e Giovanni si distendono e, stanchi come sono, si addormentano presto. Simone, che vorrebbe far compagnia a Gesù, si addormenta anch'egli poco dopo, seduto sulla paglia e appoggiato a un palo.

Gesù resta sveglio con i pastori e parlano di Giuseppe, Maria, la fuga in Egitto, il loro ritorno... e dopo domande sull'amicizia amorevole, i pastori fanno domande più nobili come cosa possono fare per servire Gesù. Come potranno essi, poveri e rozzi pastori, riuscire a fare qualcosa?
E Gesù li istruisce e spiega: "Ora attraverserò la Giudea. I miei discepoli si terranno in contatto con voi per tutto il tempo. Dopo vi farò venire. Nel frattempo, riunitevi. Assicuratevi di essere tutti in contatto tra di voi e che tutti sappiano che Io sono qui, in questo mondo, come Maestro e Salvatore. Fatelo sapere a tutti, meglio che potete. Non vi prometto che vi crederanno. Sono stato deriso e picchiato. Faranno lo stesso con voi.
Ma come siete stati forti e giusti nella vostra lunga attesa, persistete nell'essere tali, ora che appartenete a Me. Domani andremo verso Juttah. Poi a Hebron. Potete venire?"

"Certo che possiamo. Le strade appartengono a tutti e i pascoli a Dio. Solo Betlemme è proibita per un odio ingiusto. Gli altri villaggi sanno... ma ci deridono, chiamandoci 'beoni'. Perciò non riusciremo a fare molto qui."

"Vi impiegherò altrove. Non vi abbandonerò."

"Per tutta la nostra vita? "

"Per tutta la Mia vita. "

"No, Maestro, io morirò prima. Sono vecchio."

"Tu credi? Io no. Uno dei primi volti che ho visto, Elia, è stato il tuo. Sarà anche uno degli ultimi. Porterò con Me, impressa nei Miei occhi, l'immagine del tuo volto turbato dal dolore per la Mia morte. Ma dopo, tu farai tesoro nel tuo cuore della memoria della gioia di una mattina trionfale e così aspetterai la morte... La morte: l'incontro infinito con Gesù, Che tu hai adorato quando era un bambino. Anche gli angeli canteranno il Gloria: 'per gli uomini di buona volontà.'"

Gesù A Juttah Con Il Pastore Isacco.

E' mattina presto e il luccichio argenteo di un piccolo torrente riempie la valle, mentre le sue acque schiumose scorrono verso sud tra le rocce, diffondendo la sua lieta freschezza sui piccoli pascoli lungo le sponde, ma la sua umidità sembra salire fino ai verdissimi pendii delle colline, dal suolo attraverso i cespugli e gli arbusti del sottobosco, raggiungendo la cima degli alti alberi del bosco, soprattutto noci, dando ai pendii le loro bellissime sfumature variegate di verde smeraldo. Qua e là nel bosco si trovano molti spazi verdi coperti di erba folta che ne fa buoni pascoli salutari per le mandrie.

Gesù cammina verso il torrente con i Suoi discepoli e i tre pastori e, di tanto in tanto, si ferma pazientemente ad aspettare una pecora rimasta indietro o un pastore che è dovuto correre dietro un agnello smarrito - il Buon Pastore si è dotato di un lungo ramo per allontanare dal suo percorso i rami di more, biancospini e clematidi che si estendono in tutte le direzioni e si attaccano ai vestiti, e il bastone completa la Sua figura pastorale.

"Vedi? Juttah è laggiù. Attraverseremo il torrente; c'è un guado, che è molto utile d'estate, senza dover usare il

ponte. Sarebbe stato più veloce passare da Hebron. Ma non hai voluto."

"No. andremo dopo a Hebron. Dobbiamo sempre andare prima da coloro che soffrono. I morti non soffrono più se sono stati giusti. E Samuele era un uomo giusto. E se i morti hanno bisogno delle preghiere, non è necessario essere vicini alle loro ossa per pregare per loro.
Ossa? Cosa sono? Una prova del potere di Dio Che creò l'uomo con la polvere. Nient'altro.
Anche gli animali hanno ossa. Ma gli scheletri di tutti gli animali non sono perfetti quanto lo scheletro di un uomo. Solo l'uomo, il re del creato, ha una posizione eretta, come un re sui suoi sudditi, e il suo volto guarda avanti e in alto senza dover piegare il collo; l'uomo guarda in alto, verso la Dimora del Padre. Ma sono comunque ossa. Polvere che tornerà alla polvere. La Bontà eterna ha deciso di ricomporle nel Giorno del giudizio per dare una gioia ancora più grande alle anime benedette. Immaginate soltanto: non solo le anime saranno riunite e si ameranno a vicenda come e ancora più che sulla terra, ma si rallegreranno anche nel vedersi con gli stessi tratti che avevano sulla terra: cari bambini dai capelli ricci, come i tuoi, Elia, padri e madri con cuori amorevoli e volti come i vostri, Levi e Giuseppe. Anzi, nel tuo caso, Giuseppe, sarà il giorno in cui finalmente vedrai i volti di cui senti nostalgia. Non ci sono più orfani, né vedove tra i giusti, lassù...

Le preghiere per i morti possono essere dette ovunque. E' la preghiera di un'anima per l'anima di un parente allo Spirito Perfetto, Che è Dio, Che è ovunque. Oh! Santa libertà di ciò che è spirituale! Non ci sono distanze, né esili, né prigioni, né tombe... Non c'è niente che possa dividere o limitare in dolorosa impotenza ciò che è al di fuori a al di sopra delle catene della carne. Andrete con la vostra parte migliore verso i vostri amati. Ed essi verranno a voi con la loro parte migliore.

E tutta l'effusione di anime amorevoli ruoterà attorno al Fulcro Eterno, attorno a Dio: lo Spirito Più Perfetto, il Creatore di tutto ciò che era, è e sarà, l'Amore Che vi ama e vi insegna ad amare... Ma eccoci al guado. Vedo una fila di sassi che emergono dall'acqua bassa."

"Sì, Maestro, è quello. Al tempo delle piene, è una cascata ruggente. Ora ci sono sette rivoli che scorrono placidamente tra le sette grosse rocce del guado."

Raggiungono il passaggio dove sei grosse pietre quadrate giacciono a circa un piede l'una dall'altra, attraverso il torrente e l'acqua, che raggiunge le pietre in un grosso nastro brillante, è divisa in sette nastri più piccoli che corrono rapidamente a riunirsi oltre il guado, per formare nuovamente un fresco flusso che scorre, borbottando tra i sassi.
I pastori guardano le pecore mentre attraversano, alcune che camminano sulle pietre, altre che preferiscono attraversare il ruscello, profondo solo un piede, e bevono la pura acqua gorgogliante.

Gesù attraversa sulle pietre seguito dai Suoi discepoli e riprendono a camminare sull'altra sponda.

"Mi hai detto che vuoi informare Isacco che sei qui, ma non vuoi andare nel villaggio?"

"Sì, è ciò che voglio fare."

"Bene, faremmo meglio a separarci. Io andrò da lui, Levi e Giuseppe resteranno con il gregge e con Te. Salirò io. Sarà più veloce."

Ed Elia comincia ad arrampicarsi sul fianco della montagna, verso le case bianche che sono luminosissime lassù nel cielo.
Raggiunge le prime case e procede lungo uno stretto sentiero tra le case e gli orti e continua a camminare per dieci metri, poi svolta in una strada più ampia che conduce alla piazza.
Senza fermarsi, Elia è ancora sulla piazza e le casalinghe e i venditori urlano sotto gli alberi ombrosi della piazza.

Senza fermarsi, Elia avanza con risolutezza fino alla fine della piazza e imbocca una strada attraente, verso una piccola casa o, piuttosto, una stanza con la porta spalancata. Quasi sulla soglia, su un lettino, giace un uomo malato ed emaciato che chiede l'elemosina ai passanti con voce lamentosa. Elia irrompe nella stanza.

"Isacco... sono io."

"Tu? Non ti aspettavo. Sei stato qui il mese scorso."

"Isacco... Isacco... Sai perché sono venuto?"

"No, non lo so... sei eccitato. Che succede?"

"Ho visto Gesù di Nazaret, è un uomo ora, un rabbino. E' venuto a cercarmi... e vuole vederci. Oh! Isacco! Non ti senti bene?"

Isacco, infatti, è caduto all'indietro come se stesse per morire. Ma si riprende. "No. La notizia... Dov'è? Com'è? Oh! Se potessi vederlo!"

"E' giù nella valle. Mi ha mandato a dirti esattamente questo: 'Vieni, Isacco, perché voglio vederti e benedirti.' Ora chiamo qualcuno per aiutarmi e ti porto giù."

"E' quello che ha detto?"

"Sì. Ma cosa fai?"

"Sto andando."

Isacco toglie via le lenzuola, muove le sue gambe paralizzate, le sposta fuori dal materasso di paglia, mette i piedi per terra, si alza, ancora un po' esitante e tremante. Avviene tutto in un istante, sotto gli occhi spalancati di Elia... che infine comprende e comincia a gridare... Una piccola donna si affaccia con curiosità. Vede l'uomo malato alzarsi e coprirsi con un coperta, poiché non ha nient'altro, e correre via, urlando come un pazzo.

"Andiamo.. da questa parte, sarà più veloce e non incontreremo la folla... Svelto, Elia." Attraversano di corsa la piccola porta di un orto sul retro, spingono il cancello, fatto di rami secchi e, una volta fuori, corrono lungo uno stretto sentiero sporco, poi scendono per una piccola strada lungo degli orti e infine attraverso campi e boschetti, giù fino al torrente.

"Gesù è là, laggiù" dice Elia, indicandolo. "Quello alto, bello, biondo, con una tunica bianca e un mantello rosso.
"

Isacco corre, passa in mezzo alle pecore pascolanti, e con un grido di trionfo, gioia e adorazione si prostra ai piedi di Gesù.

"Alzati, Isacco. Sono arrivato. Per portarti pace e benedizioni. Alzati, in modo che possa vederti in volto."

Ma Isacco non riesce ad alzarsi, sopraffatto com'è dall'eccitazione, e rimane prostrato, con il volto sul terreno, piangendo felicemente.

"Sei arrivato subito. Non ti sei preoccupato se potevi..."

"Mi hai detto di venire... e sono venuto."

"Non ha nemmeno chiuso la porta o raccolto l'elemosina, Maestro."

"Non importa. Gli angeli guarderanno la sua casa. Sei felice, Isacco?"

"Oh! Mio Signore!"

"Chiamami Maestro."

"Sì, mio Signore, mio Maestro. Anche se non mi avessi curato, sarei stato felice di vederti. Come ho potuto avere tanta grazia da Te?"

"Per la tua fede e la tua pazienza, Isacco. So quanto hai sofferto..."

"Niente! Niente! Non importa! Ti ho trovato. Sei vivo. Sei qui. E' questo che importa. Il resto, tutto il resto è passato. Ma, mio Signore e mio Maestro, non andrai più via, vero?"
"Isacco, devo evangelizzare tutto Israele. Sto partendo... Ma se non posso rimanere, tu puoi sempre servirmi e seguirmi. Vuoi essere Mio discepolo, Isacco?"
"Oh! Ma io non ne sono capace! "

"Puoi dichiarare chi sono? Dichiararlo contro derisioni e minacce? E dire alla gente che Io ti ho chiamato e tu sei venuto?"

"Anche se Tu non lo volessi, io dichiarerei tutto ciò. Ti disobbedirei in questo, Maestro. Perdonami se ti dico questo."

Gesù sorride.. "Vedi che sei capace di diventare un discepolo!"

"Oh! Se è tutto ciò che si deve fare! Pensavo fosse più difficile, che dovessimo andare a scuola con i rabbini per imparare a servire Te, il Rabbino dei rabbini... e andare a scuola alla mia età..." In effetti l'uomo deve avere almeno cinquant'anni.

"Hai già frequentato la tua scuola, Isacco."

"Io? No."

"Sì. Non hai continuato a credere a ad amare, a rispettare e benedire Dio e il tuo prossimo, a non desiderare ciò che appartiene ad altri, e anche ciò che era tuo e che non possiedi più, a dire solo la verità, anche se dovesse farti male, a non associarti a Satana commettendo peccati? Non hai fatto tutte queste cose, negli ultimi trent'anni di sventure?"

"Sì, Maestro."

"Quindi, vedi, hai frequentato la tua scuola. Vai avanti in questo modo e, in aggiunta, rivela al mondo che Io sono nel mondo. Non c'è altro da fare."

"Io Ti ho già predicato, Signore Gesù. Ti ho predicato ai

figli, che venivano, quando sono arrivato zoppo in questo villaggio, chiedendo pane e facendo qualche lavoro, come tosare o mungere, e i bambini venivano attorno al mio letto, quando peggiorai e rimasi paralizzato dalla vita in giù. Ho parlato di Te ai bambini di tanti anni fa, e ai bambini dei giorni nostri, che sono i figli dei precedenti... I bambini sono buoni e credono sempre... Ho detto loro della Tua nascita... degli angeli... della Stella e dei Saggi... e di Tua Madre... Oh! Dimmi! E' viva?"

"E' viva e ti manda i saluti. Mi ha sempre parlato di tutti voi."

"Oh! Se potessi vederla!"

La vedrai. Verrai a casa Mia un giorno. Maria ti saluterà dicendo: 'Amico Mio'."

"Maria... sì, quando si pronuncia quel nome è come riempirsi la bocca di miele... C'è una donna a Juttah, è una donna ora, ha avuto da poco il suo quarto figlio, ma una volta era una ragazzina, una dei miei amichetti... e ha chiamato i suoi figli: Maria e Giuseppe i primi due e, poiché non ha osato chiamare il terzo Gesù, l'ha chiamato Emanuele, come buon auspicio per se stessa, la sua casa e Israele. E ora sta pensando a un nome da dare al suo quarto figlio, nato sei giorni fa. Oh! Quando saprà che sono guarito! E che Tu sei qui! Sara è buona come il pane fatto in casa, e anche suo marito Gioacchino è così buono. E i loro parenti? Devo loro la vita. Mi hanno sempre aiutato e protetto."

"Andiamo a chiedere loro ospitalità nelle ore più calde del giorno e a benedirli per la loro carità."
"Da questa parte, Maestro. E' più facile per le pecore e

eviteremo la gente, che è certamente eccitata. La donna anziana che mi ha visto alzarmi, l'avrà certamente riferito."

Seguono il torrente, allontanandosi da esso verso sud, per imboccare un sentiero ripido lungo il fianco della montagna, dalla forma di prua di una nave, andando nella direzione opposta al torrente che ora scorre lungo una bella valle irregolare formata dall'intersezione di due catene montuose.
Un piccolo muro a secco segna i confini della proprietà che scende verso la valle. Sul campo ci sono alberi di mele, fichi e noci, un orto con un pozzo, la pergole e i letti di fiori e più avanti una basa bianca circondata da prati verdi, con un'ala sporgente che protegge la scalinata e forma un portico e una loggia con una piccola cupola sul punto più alto.
C'è molto baccano che proviene dalla casa.
Camminano in testa, Isacco entra e chiama a pieni polmoni: "Maria, Giuseppe, Emanuele! Dove siete? Venite da Gesù."

Tre piccoli: una bambina di circa cinque anni e due bambini di circa quattro e due anni, corrono da Isacco, il più piccolo ancora un po' incerto sulle gambe. Sono ammutoliti nel vedere... l'uomo resuscitato. Poi la bambina grida: "Isacco! Mamma! Isacco è qui! Giuditta aveva ragione."

Un'adorabile donna alta, paffuta, bruna esce da una stanza rumorosa, bellissima nel suo vestito migliore: un vestito di lino bianco come la neve, come una ricca camicia che scende a balze fino alle caviglie. E' legato al suo busto armonioso con uno scialle a strisce multicolori

che copre i suoi meravigliosi fianchi scendendo in frange fino alle ginocchia sul dorso. Sul davanti, la camicia è legata sotto la fibbia filigranata e le estremità pendono sciolte.
Un leggero velo decorato con rami rosa su uno sfondo beige è appuntato sulle sue trecce nere, come un piccolo turbante, e cade sul suo collo in pieghe, sulle spalle e sul petto. E' stretto al suo capo da una piccola corona di medaglie legate assieme da una piccola catena. Anelli pesanti pendono dalle sue orecchie, e la sua tunica è stretta al suo collo da una collana d'argento passante per le asole del suo vestito. E indossa pesanti bracciali.

"Isacco! Cos'è questo? Giuditta... pensavo che fosse impazzita... Ma tu cammini! Che è successo?"

"Il Salvatore! Oh! Sara! Eccolo qui! E' arrivato!"

"Chi? Gesù di Nazaret? Dov'è?"

"Laggiù! Dietro l'albero di noci, e vuol sapere se Lo riceverai!"

"Gioacchino! Madre! Venite qui, tutti! Il Messia è qui!"

Donne, uomini, ragazzi, bambini corrono fuori urlando e sbraitando... ma quando vedono Gesù, alto e solenne, si intimidiscono e restano pietrificati.

"Pace a questa casa e a tutti voi. La pace e la benedizione di Dio. " Gesù cammina lentamente, sorridente, verso il gruppo. "Miei amici: darete ospitalità al Viandante?" e sorride ancora di più. Il suo sorriso supera tutte le paure. Il marito si fa coraggio: "Entra, Messia. Ti abbiamo amato prima di incontrarti. Ti ameremo di più dopo averti incontrato. La casa è in festa oggi per tre motivi: per Te, per Isacco e per la circoncisione del mio quarto figlio. Benedicilo, Maestro. Donna, porta il bambino! Entra, mio Signore!"

Entrano in una stanza decorata a festa. Ci sono tavoli con cibo, tappeti e rami ovunque.
Sara ritorna con un adorabile neonato tra le braccia e lo presenta a Gesù.

"Che Dio sia sempre con lui. Qual è il suo nome?"

"Non ha ancora un nome. Questa è Maria, questo è Giuseppe, questo è Emanuele... ma questo non ha ancora un nome... " Gesù guarda i genitori, che sono vicini, e sorride: "Trovate un nome, se dev'essere circonciso oggi..." Si guardano, guardano Lui, aprono la bocca e la richiudono senza dire niente. Tutti prestano attenzione. Gesù insiste: "La storia di Israele ha così tanti grandi nomi, dolci e benedetti. I più dolci e benedetti li avete già dati. Ma forse ce n'è ancora qualcuno."

I parenti urlano assieme: "Il Tuo, Signore!" e la madre aggiunge: "Ma è troppo santo..."

Gesù sorride e chiede: "Quando sarà circonciso?"

"Stiamo aspettando il circoncisore."

"Sarò presente alla cerimonia. E nel frattempo voglio ringraziarvi per ciò che avete fatto per il Mio Isacco. Non ha più bisogno dell'aiuto della gente buona. Ma le gente buona ha ancora bisogno di Dio. Avete chiamato il vostro terzo figlio: Dio sia con noi. Ma voi avevate Dio con voi sin da quando siete stati caritatevoli con il Mio servitore. Siate benedetti. La vostra carità sarà ricordata nel Paradiso e sulla terra."

"Isacco andrà via ora? Ci lascerà?"

"Questo vi turba? Ma egli deve seguire il suo Maestro. Ma tornerà, e anch'io. Nel frattempo, voi parlerete del Messia... C'è tanto da dire per convincere il mondo! Ma ecco la persona che aspettate."

Un pomposo personaggio entra con un servo. Ci sono saluti e inchini. "Dov'è il bambino?" egli chiede con arroganza.

"E' qui. Ma saluta il Messia. E' qui."

"Il Messia! Quello che ha curato Isacco? Ne ho sentito parlare. Ma... Ne parliamo dopo. Ho molta fretta. Il bambino e il suo nome."

La gente presente è mortificata dalle maniere dell'uomo. Ma Gesù sorride come se la scortesia non fosse indirizzata a Lui. Prende il bambino, tocca la sua piccola fronte con le Sue belle dita, come se volesse consacrarlo e dice: "Il suo nome è Jesai" è lo porge nuovamente a suo padre, che entra in un'altra stanza con l'uomo arrogante e con altra gente. Gesù rimane dov'è finché ritornano con il bambino, che urla disperatamente.

"Donna, dammi il bambino. Non piangerà più" dice per confortare la donna afflitta. Infatti il bambino, una volta disteso sulle ginocchia di Gesù, diventa silenzioso.
Gesù forma un suo gruppo, con i piccoli attorno a Sé, e anche i pastori e i discepoli. Le pecore, che Elia ha chiuso in un recinto, belano fuori. C'è il frastuono di una festa nella casa. Portano dolci e bevande a Gesù. Ma Gesù li porge ai piccoli.
"Non bevi, Maestro? Non prendi niente? Lo offriamo di

cuore."

"Lo so, Gioacchino, e accetto con tutto il cuore. Ma prima lasciami rendere felici questi piccoli. Sono la Mia gioia..."

"Non badare a quell'uomo, Maestro."

"No, Isacco. Pregherò affinché possa vedere la Luce. Giovanni, porta i due bambini a vedere le pecore. E tu, Maria, avvicinati e dimmi: Chi sono Io?"

"Tu sei Gesù, il Figlio di Maria di Nazaret, nato a Betlemme. Isacco Ti vide e mi diede il nome di Tua Madre, in modo che potessi essere buona."

"Per imitarla, dovrai essere buona come un angelo di Dio, più pura di un lilla che sboccia sulla cima di una montagna, pia come il levita più santo. Sarai così?"

"Sì, Gesù, lo sarò."

"Dì: Maestro o Signore, bambina."

"Lascia che Mi chiami con il Mio nome, Giuda. Solo quando è pronunciato da labbra innocenti non perde il suono che ha sulla labbra di Mia Madre. Tutti, nei secoli futuri, pronunceranno quel nome, alcuni per interesse o altro, alcuni per maledirlo. Solo le persone innocenti, senza alcun interesse o odio, lo pronunceranno con lo stesso amore di questa bambina e di Mia Madre. Anche i peccatori Mi invocheranno, perché hanno bisogno di misericordia. Ma Mia Madre e i piccoli! Perché Mi chiami Gesù?" Chiede, accarezzando la bambina.

"Perché Ti voglio bene... come voglio bene a mio padre, a mia madre e ai miei fratellini" ella risponde, abbracciando

le ginocchia di Gesù e sorridendo con la testa sollevata. E
Gesù si china e la bacia.

Gesù A Hebron. Casa Di Zaccaria. Aglae.

"A che ora arriveremo?" Chiede Gesù, camminando al centro del gruppo dietro le pecore che pascolano sull'erba sulle rive.

"Alle tre circa. Sono circa dieci miglia" risponde Elia.

"Andremo a Kariot dopo?" Chiede Giuda.

"Sì, ci andremo. "

"Non era più veloce andare a Kariot da Juttah? Non può essere molto distante. E' corretto, pastore?"

"Circa due miglia in più, più o meno."

"Così ne faremo più di venti per niente."

"Giuda, perché sei così preoccupato? "

"Non sono preoccupato, Maestro. Ma hai promesso che saresti venuto a casa mia."

"E lo farò. Mantengo sempre le promesse."

"Ho fatto avvisare mia madre... e dopo tutto, l'hai detto Tu stesso, si può essere vicino ai morti anche con l'anima."

"L'ho detto. Ma pensa solo questo, Giuda: tu non hai ancora sofferto a causa Mia. Questa gente ha sofferto per trent'anni, e non hanno mai tradito nemmeno la Mia memoria. Non sapevano se ero vivo o morto... tuttavia sono rimasti fedeli. Mi hanno ricordato come neonato, un bambino con nient'altro che lacrime e il bisogno di latte... e Mi hanno sempre venerato come Dio. A causa Mia sono stati picchiati, maledetti e perseguitati come se fossero la disgrazia della Giudea, eppure la loro fede non è mai venuta meno. Né si è seccata sotto i venti, al contrario si è radicata ancora di più ed è divenuta più forte."

"A proposito. Da qualche giorno dono ansioso di farti una domanda. Queste persone sono Tue amiche e amiche di Dio, vero? Gli angeli le hanno benedette con la pace del Paradiso, vero? Sono stati fedeli contro tutte le tentazioni, vero? Mi spieghi, allora, perché sono infelici? E Anna? Fu uccisa perché Ti amava..."

"Quindi stai deducendo che essere amati da Me e amarmi porta sfortuna?"

"No... ma..."

"Ma lo stai facendo. Mi dispiace vederti così vicino alla Luce e così aperto alle questioni umane. No, non preoccuparti Giovanni, e neanche tu, Simone. Preferisco che parli. Non rimprovero mai. Voglio solo aprire a Me le vostre anime in modo che possa illuminarle.
Vieni qui, Giuda, ascolta. Tu ti stai basando su un'opinione comune a molta gente ai nostri tempi e che sarà comune a molti in futuro. Ho detto: un'opinione. Dovrei dire: un errore. Ma poiché non lo fai per malizia,

ma per ignoranza della verità, non è un errore, è solo un'opinione scorretta come quella di un bambino. E voi siete come bambini, Miei poveri uomini. E Io sono qui, come Maestro, per rendervi adulti, capaci di distinguere la verità dalla falsità, il buono dal cattivo e ciò che è meglio da ciò che è buono. Ascoltatemi, dunque.
Cos'è la vita? E' un periodo di pausa, direi il limbo del Limbo, che il Dio Padre vi concede come prova per verificare se siete figli buoni o cattivi, dopo cui Egli assegnerà, secondo le vostre azioni, una vita futura senza pause o prove. Ora ditemi: sarebbe giusto se un uomo, semplicemente perché gli è stato concesso il raro dono di essere nella posizione di servire Dio in maniera speciale, avesse anche una ricchezza infinita nel corso della sua vita? Non pensate che gli sia stato già concesso tanto e pertanto possa considerarsi fortunato, anche se le vicende umane gli sono avverse? Non sarebbe ingiusto se egli, che già possiede la luce della rivelazione divina nel suo cuore e il sorriso di una coscienza pura, avesse anche onori e ricchezze terrene? E non sarebbe stolto?"

"Maestro, direi anche che sarebbe un profanatore. Perché porre le gioie umane dove Tu già sei? Quando uno ha Te – e loro avevano Te, sono le uniche persone ricche di Israele perché Ti hanno avuto per trent'anni – non si dovrebbe avere altro. Noi non mettiamo le faccende umane nel Propiziatorio... e il vaso consacrato è usato solo per gli usi sacri. E questa gente è consacrata dal giorno che vide il Tuo sorriso... e nient'altro che Te deve entrare nei loro cuori, che Ti possiedono. Vorrei essere come loro!" Dice Simone.

"Ma tu non hai perso tempo, subito dopo aver visto il Maestro ed essere stato curato, nel riprenderti la tua proprietà" risponde Giuda in tono sarcastico.

"Questo è vero. Ho detto che l'avrei fatto e l'ho fatto. Ma sai perché? Come puoi giudicare se non conosci tutta la situazione? Al mio rappresentante furono date precise istruzioni. Ora che Simone lo Zelota è stato curato – e i suoi nemici non possono più fargli del male, né possono perseguitarlo perché appartiene solo a Gesù e a nessuna setta: egli ha Gesù e nient'altro – Simone può disporre della sua ricchezza che un servitore onesto e fedele ha mantenuto per lui. Ed io, essendo il proprietario ancora per poco tempo, ho dato istruzioni affinché la proprietà fosse riorganizzata, in modo che avrei ottenuto più soldi al momento di venderla e sarei stato in grado di dire... no, non dico cosa."

"Gli angeli lo dicono, Simone, e lo stanno scrivendo sul libro eterno" dice Gesù.
Simone guarda Gesù. I loro occhi si incontrano. Quelli di Simone esprimono sorpresa, quelli di Gesù approvazione.

"Come al solito. Mi sbaglio."

"No, Giuda. Tu hai senso pratico, l'hai detto tu stesso."

"Oh! Ma con Gesù! ... Anche Simon Pietro era pieno di senso pratico, ora invece!... Anche tu, Giuda, diventerai come lui. Sei stato con il Maestro solo per poco tempo, noi siamo stati più a lungo con Lui e siamo già migliorati" dice Giovanni che è sempre gentile e conciliante.

"Non mi voleva. Altrimenti sarei stato Suo sin da Pasqua." Dice Giuda lamentosamente.
Gesù pone fine alla discussione chiedendo a Levi: "Sei mai stato in Galilea?"

"Sì, mio Signore."

"Verrai con Me per portarmi da Giona. Lo conosci? "

"Sì. Ci incontriamo sempre a Pasqua. Avevo l'abitudine di andare a trovarlo allora."

Giuseppe, mortificato, abbassa la testa. Gesù lo nota e dice: "Non potete venire entrambi. Elia sarebbe lasciato solo con le pecore. Ma verrai con me fino al passo di Gerico dove ci separeremo per un po'. Ti dirò dopo cosa dovrai fare."

"E noi? Non faremo niente?"

"Sì, Giuda, sì."

"Ci sono della case laggiù" dice Giovanni, camminando qualche passo più avanti rispetto agli altri.

"E' Hebron. Tra i due fiumi con la sua cima. Vedi Maestro? Quella casa lì, in mezzo a tutto il verde, un po' più in alto delle altre? Quella è la casa di Zaccaria."

"Allunghiamo il passo."

I piccoli zoccoli delle pecore risuonano come nacchere sulle pietre irregolari della strada rozzamente pavimentata mentre allungano il passo, coprono rapidamente l'ultimo tratto di strada ed entrano nel villaggio.

La gente guarda il gruppo di uomini, così differenti per aspetto, età e indumenti, tra le pecore bianche. Raggiungono la casa.

"Oh! E' diversa! C'era un cancello qui!" dice Elia. Ora,

invece, c'è una porta di metallo che impedisce di vedere, e anche il muro di recinzione è più alto di un uomo, così non si riesce a vedere niente dell'interno.

"Forse sarà aperto sul retro." Girano intorno a un lungo muro rettangolare ma constatano che è della stessa altezza tutto intorno.

"Il muro è stato costruito non molto tempo fa" nota Giovanni, esaminandolo. Non ha un graffio e ci sono ancora residui di calce per terra."

"Non riesco a vedere nemmeno il sepolcro… era vicino al bosco. Ora il bosco è fuori dal muro e… sembra appartenere a tutti. Vi raccolgono legna da ardere." Elia è perplesso.
Un uomo piccolo ma dall'aspetto forte, un vecchio taglialegna, che osserva il gruppo, smette di segare un tronco sul terreno e si avvicina al gruppo. "Chi state cercando?"

"Volevamo entrare a pregare sulla tomba di Zaccaria".

"Non c'è più nessuna tomba. Non lo sapete? Chi siete? "

"Sono un amico di Samuele, il pastore. Questo…"

"Non è necessario, Elia" dice Gesù ed Elia resta calmo.

"Ah! Samuele!… Capisco! Ma da quando Giovanni, il figlio di Zaccaria, è stato messo in prigione, la casa non è più sua. Ed è una sfortuna perché tutto il profitto della sua proprietà è stato dato alla gente povera di Hebron. Una mattina venne un uomo dalla corte di Erode, cacciò Gioele, appose i sigilli, poi tornò indietro con dei muratori e cominciarono a erigere il muro… Il sepolcro era laggiù

nell'angolo. Non lo voleva... e una mattina lo trovammo tutto saccheggiato e mezzo distrutto... le povere ossa tutte sparpagliate... Le rimettemmo assieme meglio che potessimo... Ora sono in un sarcofago... E nella casa del sacerdote, Zaccaria, quell'uomo indecente tiene le sue amanti. Ora c'è una mima di Roma. E' per questo che ha costruito il muro. Non vuole che la gente veda... La casa di un sacerdote un bordello! La casa del miracolo e del Precursore! Perché è certamente lui, se non è il Messia. E quanti problemi abbiamo avuto per il Battista! Ma è il nostro grande uomo! E' davvero grande! Anche quando nacque ci fu un miracolo. Elisabetta era vecchia come un cardo secco ma divenne fertile come un melo di Adar*
e quello fu il primo miracolo. Poi venne una sua cugina ed era una donna santa e la servì e sciolse la lingua al sacerdote. Il suo nome era Maria. Me La ricordo sebbene l'abbiamo vista molto raramente. Come è successo non lo so. Dicono che per far felice Elisabetta, Ella fece mettere a Zaccaria la sua bocca muta accanto al Suo ventre gravido o che pose le Sue dita sulla sua bocca. Non lo so. Il fatto è che dopo nove mesi di silenzio, Zaccaria parlò lodando il Signore e dicendo che c'era un Messia. Non spiegò ulteriormente. Ma mia moglie era presente quel giorno e mi assicurò che Zaccaria, lodando il Signore, disse che suo figlio Lo avrebbe preceduto. Ora dico: non è ciò che la gente crede. Giovanni è il Messia ed egli va innanzi al Signore, come Abramo andò innanzi a Dio. E' così. Sbaglio?"

*Adar è il sesto mese del calendario ebraico che cade tra Febbraio e Marzo.

"Hai ragione a proposito dello spirito del Battista, che

procede sempre innanzi a Dio. Ma non hai ragione riguardo al Messia."

"Beh, la donna che disse di essere la Madre del figlio di Dio – Samuele disse così – non è vero che lo era? E' ancora viva?"

"Sì, lo era. Il Messia nacque, preceduto da colui che alzò la voce nel deserto, come disse il Profeta."

"Tu sei il primo a dire questo. Giovanni, l'ultima volta che Gioele gli portò una pelle di pecore, cosa che faceva ogni anno all'inizio dell'inverno, sebbene gli fosse stato chiesto del Messia, non disse: 'Il Messia è qui.' Quando dirà così..."

"Buonuomo, io ero un discepolo di Giovanni e l'ho sentito dire: 'Ecco l'Agnello di Dio' puntando a..." dice Giovanni.
"No, no. Egli è l'Agnello. Un vero Agnello che crebbe da solo, quasi senza il bisogno di un padre e una madre. Appena divenne un figlio della Legge, egli visse isolato nelle cave della montagna che sovrasta il deserto. e crebbe lì conversando con Dio. Elisabetta e Zaccaria morirono, ed egli non venne. Solo Dio fu suo padre e sua madre. Non esiste un uomo più santo di lui. Potete chiedere a chiunque a Hebron. Samuele diceva così, ma la gente di Betlemme deve aver avuto ragione. Giovanni è l'uomo santo di Dio."

"Se qualcuno ti dicesse: 'Io sono il Messia', tu cosa diresti?" chiede Gesù.

"Lo chiamerei 'blasfemo' e lo caccerei, lanciandogli pietre."

"E se compisse un miracolo per provare che è il Messia?"

"Direi che è 'posseduto'. Il Messia arriverà quando Giovanni si rivelerà nella sua vera natura. Lo stesso odio di Erode è la prova. Astuto com'è, sa che Giovanni è il Messia."

"Non è nato a Betlemme."

"Ma quando sarà liberato, dopo aver annunciato agli stesso il suo arrivo imminente, si rivelerà a Betlemme. Anche Betlemme aspetta questo. Mentre... Oh! Andate, se avete molto fegato, a parlare a Betlemme di un altro Messia... e vedrete..."

"Avete una sinagoga?"

"Sì, circa cento passi più avanti. Non potete sbagliare. Accanto c'è il sarcofago con i resti violati."

"Addio, che Dio ti illumini."

Si allontanano, girando ad angolo retto sulla parte anteriore della casa e trovano, alla porta, una bella giovane donna impudentemente vestita. "Mio Signore, vuoi entrare in casa? Entra."

Gesù la guarda severo come un giudice ma non parla. Ma Giuda lo fa, supportato dagli altri.

"Torna dentro, donna senza vergogna! Non profanarci con il tuo respiro, bramosa donnaccia."

La donna arrossisce, abbassa la testa ed è sul punto di sparire imbarazzata e schernita da ragazzi e passanti. "Chi è così puro da dire: 'Non ho mai desiderato la mela offerta da Eva?'" Chiede Gesù, con severità. "Mostratemelo e lo chiamerò un sant'uomo.

Nessuno? Bene, allora, se non per disgusto, ma per debolezza, vi sentite incapaci di avvicinarvi a questa donna, potete allontanarvi. Non forzerò i deboli in lotte impari. Donna, vorrei entrare. Questa casa apparteneva a un Mio parente e Mi è cara. "

"Entra, Mio signore, se non mi detesti."

"Lascia la porta aperta, in modo che il mondo possa vedere e non possa spettegolare..."

Gesù entra, serio e solenne.
La donna, asservita, si inchina a Lui e non osa muoversi. Ma le battute della gente la feriscono, così corre via all'estremità del giardino, mentre Gesù avanza fino ai piedi della scalinata. Egli guarda attraverso le porte semiaperte ma non entra. Poi va sul posto dove una volta si trovava il sepolcro, dove ora si trova un piccolo tempio pagano.

"Le ossa dei giusti, anche se secche e sparse, emanano un balsamo purificante e diffondono semi di vita eterna. Pace ai morti che vissero facendo del bene! Pace ai puri che riposano nel Signore! Pace a coloro che hanno sofferto, ma non conobbero vizi! Pace ai veri grandi del mondo e del Paradiso! Pace!"

Camminando lungo la siepe di protezione, la donna ha raggiunto Gesù.

"Mio Signore!"

"Donna."

"Il Tuo Nome, mio Signore."

"Gesù."

"Non l'ho mai sentito. Io sono romana: una mima e danzatrice. Sono esperta solo di lussuria. Qual è il significato del Tuo nome? Il mio nome è Aglae e... e vuol dire: vizio."

"Il mio significa: Salvatore."

"Come salvi? E chi?"

"Coloro che sono ansiosi di essere salvati. Salvo insegnando ad essere puri, a preferire i dolori agli onori, a desiderare il bene ad ogni costo." Gesù parla senza amarezza, senza nemmeno voltarsi verso la donna.
"Io sono persa..."

"Io sono Colui Che cerca chi si è perso."

"Io sono morta."

"Io sono Colui Che dà la Vita."

"Io sono oscenità e falsità."

"Io sono Purezza e Verità."

"Tu sei anche Bontà. Tu non mi guardi. Non mi tocchi, non mi calpesti. Abbi misericordia di me..."

"Prima, tu devi avere misericordia di te stessa. Della tua anima."

"Cos'è l'anima?"

"E' ciò che fa di un uomo un dio e non un animale. Il vizio e il peccato la uccidono e, una volta uccisa, l'uomo diventa un animale ripugnante."

"Sarà possibile per me vederti ancora?"

"Chi Mi cerca, Mi trova."

"Dove vivi?"

"Dove i cuori hanno bisogno che i dottori e le medicine ridiventino onesti."

"In tal caso... non Ti rivedrò... io vivo dove non si cerca nessun dottore, medicina o onestà."

"Nessuno ti impedisce di venire dove mi trovo. Il mio nome sarà urlato nelle strade e ti raggiungerà. Addio."

"Addio, mio Signore. Permettimi di chiamarti 'Gesù'. Oh! Non per familiarità... Ma in modo che un po' di salvezza possa arrivarmi. Io sono Aglae, ricordati di me."

"Mi ricorderò. Addio."

La donna rimane in fondo al giardino, mentre Gesù ne esce con aspetto severo e un servitore chiude la porta. Egli guarda tutti, vede la perplessità nei Suoi discepoli e sente derisione dagli Hebroniti.

Camminando dritto lungo la strada, Gesù bussa alla sinagoga e un uomo risentito guarda fuori.

"La sinagoga è proibita, in questo luogo santo, a coloro che hanno a che fare con le prostitute.
Vai via." Dice l'uomo, non dando a Gesù nemmeno il tempo di parlare.
Senza rispondere, Gesù si volta e continua a camminare lungo la strada, seguito dai Suoi discepoli.

Fuori da Hebron, cominciano a parlare.

"Te la sei cercata, Maestro" dice Giuda. "Una prostituta, in mezzo a tutta le gente!"

"Giuda, ti dico solennemente che ella ti supererà. Ed ora, poiché Mi stai rimproverando, cosa dici dei giudei? Nei luoghi più santi della Giudea siamo stati derisi e cacciati... Questa è la verità. Arriverà il giorno in cui la Samaria e i gentili venereranno il vero Dio, e il popolo del Signore sarà infangato dal sangue e da un crimine... un crimine in confronto al quale i peccati delle prostitute che vendono i loro corpi e le loro anime, saranno una cosa molto piccola. Non ho potuto pregare sulla tomba dei Miei cugini e del giusto Samuele. Non importa. Riposate, sante ossa, rallegratevi, anime, che risiedevate in esse. La prima resurrezione è vicina. Poi arriverà il giorno in cui sarete mostrati agli angeli come le anime dei servitori del Signore."

Al Guado Del Giordano. Incontro Con I Pastori Giovanni, Mattia E Simeone.

Ci sono file di asinelli e gente che va e viene lungo la strada battuta che segue le verdi rive del Giordano. Anche sulla riva del fiume ci sono tre uomini che guardano alcune pecore al pascolo.
Giuseppe attende sulla strada, guardando in alto e in basso. Da lontano, all'incrocio del percorso del fiume con la strada principale, Gesù appare con i tre discepoli. Giuseppe chiama i pastori che, guidando le pecore lungo la riva erbosa, camminano verso Gesù.

"Non ho il coraggio... Che devo dire per salutarlo?"

"Oh! Egli è così buono. Dì: 'La pace sia con Te.' Dice sempre così."

"Sì, Lui... ma noi..."

"Ed io? Non sono nemmeno uno dei Suoi primi adoratori ed è così legato a me... oh! Così tanto!"

"Qual è?"

"Quello più alto, con i capelli biondi."

"Mattia, gli diremo del Battista?"

"Certo che Glielo diremo!"

"Non penserà che abbiamo preferito il Battista a Lui? "

"No, Simeone. Se Egli è il Messia, Egli può vedere nei cuori degli uomini e nei nostri vedrà che nel Battista noi stavamo ancora cercando Lui."

"Sì, hai ragione."
Con i due gruppi ora a pochi metri di distanza, i pastori possono vedere Gesù che sorride loro con il Suo indescrivibile sorriso e Giuseppe allunga il passo. Anche le pecore, pungolate dai pastori, cominciano a correre.

"La pace sia con voi" dice Gesù alzando le braccia in un ampio abbraccio. "Pace a voi, Simeone, Giovanni e Mattia, fedeli a Me e fedeli a Giovanni il Profeta!..." Egli aggiunge specificamente a ciascuno dei pastori che ora sono in ginocchio. "... Pace a te, Giuseppe" e lo bacia sulle guance. "Venite, amici Miei. Sotto questi alberi sul letto scoperto del fiume e parliamo."

Scendono sul letto scoperto del fiume dove Gesù si siede su una grossa radice sporgente e gli altri sul terreno. Gesù sorride e li guarda attentamente, uno per uno: "Lasciatemi familiarizzare con i vostri volti. Le vostre anime Mi sono già note, anime che cercano e amano ciò che è buono e contrario a tutti i desideri terreni. Isacco, Elia e Levi vi mandano i saluti e ci sono altri saluti da Mia Madre. Avete notizie del Battista?"

Gli uomini, finora imbavagliati dall'imbarazzo, si fanno coraggio e infine trovano le parole: "E' ancora in prigione.

I nostri cuori tremano per lui perché è nelle mani di un uomo crudele che è dominato da una creatura infernale e circondato da una corte corrotta. Lo amiamo… Sai che lo amiamo e che merita il nostro amore. Dopo che Tu lasciasti Betlemme, fummo perseguitati dagli uomini… ma eravamo afflitti e sconfortati perché Ti avevamo perso, piuttosto che per il loro odio, ed eravamo come alberi sradicati dal vento. Poi, dopo anni di sofferenze, come un uomo le cui palpebre sono state cucite lotta per vedere il sole, ma non ci riesce, anche perché è chiuso in prigione ma sente il calore del sole sul suo corpo, noi sentimmo che il Battista era l'uomo di Dio predetto dai profeti per preparare la strada al Suo Cristo e andammo da lui. Noi dicemmo: 'Se il Battista Lo precede, se andiamo dal Battista, troveremo Lui." Perché, mio Signore, sei Tu che stavamo cercando."

"Lo so. E Mi avete trovato. E ora sono con voi."

"Giuseppe ci ha detto che Tu sei venuto dal Battista. Ma noi non c'eravamo quel giorno. Forse ci aveva mandato da qualche parte. Noi lo seguiamo nelle faccende spirituali, da quando ce lo ha chiesto, con tanto amore. E lo abbiamo ascoltato con amore, sebbene fosse così severo, perché non era Te – la Parola – ma ha sempre espresso parole di Dio."

"Lo so. E conoscete quest'uomo?" Chiede Gesù, indicando Giovanni.

"L'abbiamo visto con gli altri galilei nelle folle che erano più fedeli al Battista. E, se non sbagliamo, tu sei colui il cui nome è Giovanni, e di cui egli parlava a noi, i suoi discepoli più stretti: 'Ecco: Io sono il primo, egli è l'ultimo. E poi: egli sarà il primo ed io l'ultimo.' Ma non abbiamo mai capito cosa intendesse."

Gesù si volta verso Giovanni alla Sua sinistra, lo attira sul Suo cuore e, con un sorriso gentilissimo, spiega: "Intendeva dire che egli fu il primo a dire: 'Ecco l'Agnello' e che Giovanni qui sarà l'ultimo degli amici del Figlio dell'uomo a parlate dell'Agnello alle folle; ma che nel cuore dell'Agnello, Giovanni è il primo, perché è più caro di ogni altro uomo all'Agnello. E' questo che intendeva. E' quello che ha detto." Ma quando vedrete il Battista – lo rivedrete, e lo servirete ancora fino all'ora predeterminata – ditegli che egli non è l'ultimo nel cuore di Cristo. Non molto per il sangue, perché per la sua santità, egli è amato quanto Giovanni. E ricordate. Se il santo nella sua umiltà si proclama 'ultimo', la Parola di Dio si proclama uguale al discepolo che è a Me caro. Ditegli che io amo questo discepolo perché ha lo stesso nome e perché trovo in lui i segni del Battista, che prepara le anime per Cristo."

"Glielo diremo... Ma lo rivedremo?"

"Sì, lo rivedrete."

"Sì, Erode non oserà ucciderlo per paura del popolo e alla sua corte, che è piena di avidità e corruzione, sarà facile liberarlo se avremo molto denaro. Ma, sebbene ce ne sia parecchio – perché gli amici ne hanno dato tanto – ne manca ancora tanto. E temiamo che non faremo in tempo... e che possa essere ucciso."

"Di quanto pensate di avere bisogno per il riscatto?"

"Non per il suo riscatto, Signore. Erodiade lo odia molto e

ha troppo controllo su Erode per permettere la possibilità di un riscatto. Ma credo che tutto il popolo avido del regno si sia radunato a Macheronte. Tutti sono ansiosi di divertirsi e di primeggiare; dai ministri ai servi. E, per farlo, hanno bisogno di soldi... Abbiamo già trovato chi farebbe uscire il Battista per una grossa quantità di denaro. Forse anche Erode lo preferirebbe... perché ha paura. Per nessun'altra ragione. Ha paura del popolo e di sua moglie. In quel modo, potrebbe accontentare il popolo e sua moglie non lo accuserebbe di deluderla."

"E quanto vuole quella persona?"

"Venti talenti d'argento. Ma ne abbiamo solo dodici e mezzo."

"Giuda, tu hai detto che quei gioielli sono belli."

"Sì, belli e di valore. "

"Quanto varranno? Penso che tu sia un esperto."

"Sì, sono un buon intenditore. Perché vuoi sapere quanto valgono, Maestro? Vuoi venderli? Perché?"

"Forse... dimmi: quanto varranno?"

"Almeno sei talenti, se sono venduti bene."

"Sei sicuro?"

"Sì, Maestro. Solo la collana, così grossa e pesante, dell'oro più puro, vale almeno tre talenti. L'ho esaminata attentamente. E anche i bracciali... non so come il polso sottile di Aglae potesse tenerli."

"Erano le sue catene, Giuda."

"E' vero, Maestro... ma tanti vorrebbero avere delle catene così belle!"

"Credi? Chi?"

"Beh... molta gente!!"

"Sì, molti che sono esseri umani solo per nome... e conosci un possibile compratore?"

"Allora vuoi venderli? Ed è per il Battista? Ma guarda, è oro maledetto!"

"Oh! Umana inconsistenza! Hai appena detto, con evidente desiderio, che tanta gente amerebbe avere quell'oro, e poi dici che è maledetto?! Giuda, Giuda!... E' maledetto, davvero. Ma ella disse: 'Sarà santificato se sarà usato per gente povera e santa' ed è per quello che l'ha donato, in modo che chi ne beneficerà possa pregare per la sua povera anima che come l'embrione di una futura farfalla si espande nel seme del suo cuore. Chi è più santo e più povero del Battista? Egli è uguale a Elia nella sua missione ma più grande di Elia in santità. E' più povero di me. Io ho una Madre e una casa... E quando si possiedono queste cose, così pure e sante come le ho io, non si è mai disperati. Egli non ha più una casa, e non ha nemmeno la tomba di sua madre. Tutto è stato violato e sconsacrato dall'iniquità umana. Allora chi è il compratore?"

"Ce n'è uno a Gerico e tanti a Gerusalemme. Ma quello di Gerico!!! E' uno scaltro battiloro del Levante, un usuraio, un mediatore, un ruffiano, è certamente un ladro. Probabilmente un assassino. E' certamente perseguitato da Roma. Ha cambiato il suo nome in Isacco, per passare per Ebreo... ma il suo vero nome è Diomede. Lo conosco molto bene..."

"Sì, lo vediamo!... " Interviene Simone lo Zelota, che parla poco, ma nota tutto. "... Come fai a conoscerlo così bene?"

"Beh... sai... per accontentare certi amici potenti. Andai a trovarlo... e sbrigai alcuni affari... sai... noi del Tempio..."

"Lo so... tu fai ogni genere di lavori" conclude Simone con fredda ironia. Giuda avvampa, ma resta in silenzio.

"Comprerà?" chiede Gesù.

"Credo di sì. Ha un mucchio di soldi. Ovviamente, bisogna essere abili a vendere perché il greco è scaltro e se si accorge di avere a che fare con una persona onesta, come una colomba, lo spenna senza pietà. Ma se ha a che fare con un avvoltoio come lui..."

"Dovresti andare tu, Giuda. Sei l'uomo giusto. Sei astuto come una volpe e predatore come un avvoltoio. Oh! Perdonami, Maestro. Ho parlato prima di Te!" Dice ancora Simone lo Zelota.

"Sono della stessa opinione, quindi dico a Giuda di andare. Giovanni, tu andrai con lui. Ci rincontreremo al tramonto e il punto d'incontro sarà la piazza del mercato. Andate. E fate del vostro meglio."

Giuda si alza subito e Giovanni volge i suoi occhi imploranti di cucciolo castigato su Gesù che, parlando ai pastori, non lo nota, così Giovanni parte dietro Giuda.

"Vorrei vedervi felici" dice Gesù.

"Tu ci renderai sempre felici, Maestro. Che Dio Ti benedica per questo. Quell'uomo è un Tuo amico?"

"Sì, lo è. Pensi che non dovrebbe esserlo?"

Il pastore Giovanni abbassa la testa e rimane in silenzio ma Simone parla: "Solo chi è buono, può vedere. Io non sono buono, quindi non vedo ciò che la Bontà vede. Io vedo l'esterno. Chi è buono penetra anche all'interno. Tu, Giovanni, la vedi come me. Ma il Maestro è buono... e vede..."

"Tu cosa vedi in Giuda, Simone? Voglio che tu Me lo dica."

"Beh, quando lo guardo, penso a certi posti misteriosi che sembrano covi di bestie feroci e paludi infestate dalla malaria. Si può vedere solo un grosso groviglio e, spaventati, tenersi alla larga... Invece... dietro di esso ci sono tortore e usignoli e il suolo è ricco di acque salutari e buone erbe. Voglio credere che Giuda sia così... penso che dovrebbe esserlo, perché Tu l'hai scelto. E Tu sai... "

"Sì, lo so... ci sono molte imperfezioni nel cuore di quell'uomo... Ma ha dei lati positivi. L'hai visto tu stesso a Betlemme e a Kariot. E i suoi lati positivi che sono umanamente buoni devono essere elevati a una bontà spirituale. Giuda allora sarà come lo vorrai. E' giovane..."

"Anche Giovanni è giovane... "

"E nel tuo cuore, tu concludi che sia migliore. Ma Giovanni è Giovanni! Ama il povero Giuda, Simone, ti supplico. Se lo amerai... sembrerà migliore."

"Cerco di amarlo per il Tuo bene. Ma egli blocca tutti

i miei sforzi come se fossero canne di bambù... Ma, Maestro, esiste una sola legge per me: fare ciò che Tu vuoi. Pertanto, amerò Giuda sebbene qualcosa dentro di me mi urli contro."

"Cosa, Simone?"

"Non so esattamente cosa sia: qualcosa che assomiglia all'urlo della guardia notturna... e mi dice: 'Non dormire! Stai in guardia!' Non so. Quel qualcosa non ha un nome. Ma è qui... in me, contro di lui."

"Dimenticatene, Simone. Non sforzarti di dargli una definizione. E' meglio non conoscere certe verità... e potresti sbagliarti. Lasciale al tuo Maestro. Dammi il tuo amore e stai sicuro che Mi rende felice..."

Gesù E Isacco Vicino A Doco. Partenza Per Esdrelon.

"E ti dico, Maestro che le persone umili sono migliori..." Isacco riferisce a Gesù. "... coloro con cui ho parlato mi hanno o riso in faccia o ignorato. Oh! I piccoli a Juttah!" Sono seduti in gruppo sull'erba accanto alla sponda del fiume e Giuda interrompe Isacco, eccezionalmente chiamando il pastore per nome;
"Isacco, sono del tuo parere. Perdiamo tempo e perdiamo la nostra fede nel trattarli. Ci sto rinunciando."

"Io no, ma mi fa soffrire. Smetterò solo se me lo dirà il Maestro. Per anni sono stato abituato a soffrire per la lealtà alla verità. Non potevo mentire per entrare nelle grazie dei potenti. E sai quante volte sono venuti a prendersi gioco di me nella stanza in cui ero malato, promettendo aiuto – oh! Erano di certo false promesse – se avessi detto che avevo mentito e che Tu, Gesù, non eri il Neonato Salvatore?! Ma non potevo mentire. Se avessi mentito avrei negato la mia gioia, avrei ucciso la mia unica speranza, avrei rifiutato Te, mio Signore! Rifiutarti! Nella mia buia miseria nella mia triste malattia c'era sempre un cielo cosparso di stelle su di me: il volto di mia madre che era l'unica gioia della mia vita di orfano, il volto di una sposa che non fu mai mia e che ho

continuato ad amare anche dopo la sua morte. Queste furono le due stelle minori. E le due stelle maggiori, come due lune purissime: Giuseppe e Maria che sorridevano al Bambino appena nato e a noi poveri pastori, e il tuo luminoso, innocente, santo, santo, santo volto, al centro del cielo del mio cuore. Non potevo respingere quel mio cielo! Non volevo privarmi della sua luce perché non ne esiste una più pura. Avrei piuttosto rifiutato la mia stessa vita o avrei vissuto sotto tortura piuttosto che rifiutarti, Mio benedetto ricordo, mio Neonato Gesù!"

Gesù posa la mano sulla spalla di Isacco e sorride.

"Allora prosegui?" insiste Giuda.

"Sì. Oggi, domani e ancora dopodomani. Qualcuno arriverà."

"Quanto durerà il lavoro?"

"Non lo so. Ma credimi. Non basta guardare indietro o avanti e fare le cose giorno per giorno. E di sera, se abbiamo lavorato con profitto, diciamo: 'Grazie, mio Dio'. Senza profitto, dici solo: 'Spero nel Tuo aiuto per domani.'"

"Tu sei saggio."

"Non so nemmeno cosa vuol dire. Ma io faccio nella mia missione ciò che facevo nella mia malattia. Trent'anni di infermità non sono una cosa da niente!"

"Ehi! Ci credo. Io non ero ancora nato e tu eri già un invalido."

"Ero malato. Ma non ho mai contato quegli anni. Non ho

mai detto: 'Ora è di nuovo il mese di Nisan, ma io non rifiorirò con le rose. Ora è Tishri e io soffro ancora qui.' Ho continuato a parlare di Lui sia a me stesso che alla gente buona. Mi rendevo conto che gli anni passavano perché i piccoli dei giorni passati venivano a portarmi i loro confetti nuziali o i dolci per la nascita dei loro piccoli. Ora, se guardo indietro, ora che da vecchio sono diventato giovane, cosa vedo del mio passato? Nulla. E' passato."

"Nulla qui. Ma nel 'Paradiso' c'è tutto per te, Isacco, e quel 'tutto' ti aspetta' dice Gesù. E poi, parlando a tutti: "Dovete fare così. Lo faccio Io stesso. Dobbiamo andare avanti. Senza stancarci. La stanchezza è una delle radici dell'orgoglio umano. E così la fretta. Perché l'uomo è annoiato dalle sconfitte? Perché è turbato dalle attese? Perché l'orgoglio dice: 'Perché dirmi di no? Tanta attesa per me? Questa è una mancanza di rispetto per l'apostolo di Dio.' No, amici Miei. Guardate l'intero universo e pensate a Colui Che l'ha creato. Meditate sul progresso dell'uomo e considerate le sue origini. Pensate a quest'ora che ora sta terminando e contate quanti secoli l'hanno preceduta. L'universo è il lavoro di una creazione calma. Il Padre non fece le cose in maniera disordinata; creò l'universo in fasi successive. L'uomo è il lavoro di un progresso paziente, l'uomo attuale, e progredirà sempre più in conoscenza e in potere. E tale conoscenza e tale potere saranno santi o non santi, secondo la sua volontà. Ma l'uomo non è diventato subito esperto. I Primi Genitori, espulsi dal Giardino, dovettero imparare tutto, lentamente, progressivamente. Dovettero imparare le cose semplici: che un chicco di grano è più gustoso se ridotto in farina, poi impastato e poi cotto. E dovettero imparare come macinarlo e cuocerlo.

Dovettero imparare ad accendere un fuoco. A creare un indumento osservando la pelliccia degli animali. A creare un rifugio osservando le bestie. A costruire un giaciglio osservando i nidi. Hanno imparato a curarsi con erbe e acqua osservando gli animali che lo fanno per istinto. Hanno imparato a viaggiare attraverso i deserti e i mari, a studiare le stelle, ad andare a cavallo, a bilanciare le barche sull'acqua guardando il guscio di una noce che galleggia sull'acqua di un ruscello. E quanti fallimenti prima del successo! Ma l'uomo ce l'ha fatta. E andrà oltre. Ma non sarà felice per il suo progresso perché diventerà più esperto nel male che nel bene. Ma farà progressi. Non è la Redenzione un lavoro paziente? Fu decisa secoli e secoli fa. Sta accadendo ora dopo esser stata preparata per secoli. Tutto è pazienza. Perché essere impazienti allora? Può Dio non aver fatto tutto in un lampo? Non era possibile per l'uomo, dotato di ragione, creato dalle mani di Dio, conoscere tutto in un lampo? Non potrei essere arrivato all'inizio dei secoli? Tutto era possibile. Ma niente dev'essere violenza. Niente. La violenza è sempre contraria all'ordine e a Dio, e ciò che proviene da Dio è ordine. Non cercate di essere superiori a Dio."

"Ma allora quando sarai conosciuto?"

"Da chi, Giuda?"

"Dal mondo!"

"Mai!"

"Mai? Ma non sei il Salvatore?"

"Lo sono. Ma il mondo non vuole essere salvato. Solo

uno su mille vorrà conoscermi e solo una su diecimila Mi seguirà davvero. E ti dirò di più: non sarò conosciuto nemmeno dai Miei amici più intimi."

"Ma se sono i Tuoi amici intimi, ti conosceranno."

"Sì, Giuda. Mi conosceranno come Gesù, Gesù l'Israelita. Ma non Mi conosceranno come Colui Che sono..." e con sconforto rassegnato Gesù apre le mani e, tenendole rivolte verso l'esterno, continua, con il dolore sul volto, non guardando né l'uomo né il Paradiso ma solo il Suo destino futuro di persona tradita "... Io ti dico solennemente che non sarò conosciuto da tutti i Miei amici intimi. Conoscere vuol dire amare con lealtà e virtù.. e ci sarà chi non Mi conoscerà."

"Non dire questo" Lo implora Giovanni.

"Noi Ti seguiamo, per conoscerti sempre meglio" dice Simone, e i pastori in coro.

"Noi ti seguiamo come seguiremmo una sposa e Tu sei più caro a noi di quanto lo sarebbe lei; siamo più gelosi di Te che di una donna..." Dice Giuda "... Oh! No. Ti conosciamo già tanto da non poterti più ignorare" e indicando Isacco, Giuda continua "Egli dice che negare il Tuo ricordo come Neonato sarebbe stato più doloroso che perdere la sua vita. E Tu non eri che un neonato. Noi Ti conosciamo come Uomo e Maestro. Ti ascoltiamo e vediamo le Tue opere. Il Tuo contatto, il Tuo respiro, il tuo bacio: sono la nostra continua consacrazione e la nostra continua purificazione. Solo un demonio potrebbe rifiutarti dopo esserti stato un compagno così vicino."

"E' vero, Giuda. Ma ce ne sarà uno."

"Guai a lui! Sarò il suo carnefice."

"No. Lascia la giustizia al Padre. Sii il suo redentore. Il redentore di quest'anima che è incline a Satana. Ma salutiamo Isacco. E' sera. Ti benedico, Mio fedele servitore. Ora sai che Lazzaro di Betania è nostro amico è vuole aiutare i Miei amici. Io sto andando. Tu resterai qui. Prepara la terra arida della Giudea per Me. Tornerò in seguito. In caso di necessità sai dove trovarmi. Che la pace sia con te" e Gesù benedice e bacia il suo discepolo.

Gesù Con Il Pastore Giona Nella Piana Di Esdrelon.

E' notte ma non c'è sollievo dal gran caldo del giorno e il suolo ancora ardente emana vampate di calore dai suoi solchi e fenditure facendo evaporare la rugiada ancora prima che raggiunga il terreno.
E' una notte chiara, sebbene la luna calante sia appena visibile all'estremo oriente.
Su un piccolo sentiero cosparso di stoppie e pieno di grilli che si estende tra due campi aridi, Gesù cammina a fianco a Levi e Giovanni. Dietro di loro, in gruppo, ci sono Giuseppe, Giuda e Simone. Silenziosamente camminano, accaldati ed esausti ma Gesù sorride.

"Pensi che sarà lì?" Chiede Gesù a Levi.

"Sarà certamente lì. Questo è il tempo in cui il raccolto viene immagazzinato ma non hanno ancora cominciato a raccogliere i frutti. I contadini sono quindi impegnati a guardare le vigne e i frutteti dai ladri e non vanno via, soprattutto quando i loro padroni sono avari come quello di Giona. La Samaria non è lontana e quando quei traditori hanno un'opportunità... oh! Sono felici di danneggiare noi israeliti. Sanno che i servi vengono picchiati per questo? Certo che lo sanno. Ma ci odiano, tutto qui."

"Non nutrire risentimento, Levi" dice Gesù.

"No. ma vedrai come Giona fu ferito cinque anni fa a causa loro. Da allora vive in guardia tutte le notti. Perché la frusta è una punizione crudele..."

"Siamo ancora lontani?"

"No, Maestro. Vedi dove finisce questa desolazione e c'è un'area scura? I frutteti di Doras, il crudele fariseo, sono lì. Se permetti, andrò avanti per farmi sentire da Giona."

"Sì, vai."

"I farisei sono tutti così, mio Signore?" chiede Giovanni.

"Oh! Non vorrei essere al loro servizio! Preferisco la mia barca."

"La tua barca è la cosa più cara che hai?" Chiede Gesù semiserio.

"No, sei Tu. Era la barca quando non sapevo che l'Amore fosse sulla terra" risponde Giovanni prontamente. Gesù sorride alla sua impulsività. "Non sapevi che l'amore fosse sulla terra? E come sei nato allora, se tuo padre non amava tua madre?" Chiede Gesù, scherzosamente.

"Quell'amore è bello ma non mi attrae. Tu sei il mio amore, Tu sei l'amore sulla terra per il povero Giovanni." Gesù lo abbraccia e dice: "Ero ansioso di sentirtelo dire. L'amore è affamato di amore e l'uomo dà e darà sempre minuscole gocce alla sua sete, come quelle che cadono dal cielo e sono così piccole che svaniscono a mezz'aria nella grande calura estiva. Anche le piccole gocce d'amore dell'uomo svaniranno a mezz'aria, uccise dal calore di troppe cose. I cuori le sprizzeranno sempre... ma gli interessi, gli affari, l'avidità, tante cose umane le bruceranno. E cosa arriverà a Gesù? Oh! Troppo poco! I resti, le poche pulsazioni umane, i battiti dell'uomo interessato a chiedere, chiedere, chiedere in urgente bisogno. Amarmi di amore puro sarà la caratteristica di poche persone... di persone come Giovanni..."

E Gesù si ferma davanti a una sottile spiga di grano che cresce al bordo del sentiero, in un piccolo canale che forse era un ruscello nella stagione delle piogge."

"... Guardate una spiga di grano cresciuta dopo la fine della stagione. Forse è un seme che è caduto nel periodo del raccolto. Ma è stato capace di svilupparsi, di resistere al sole e al clima secco, di crescere fino a formare una spiga... Sentite: si è già formata. In questi campi spogli è l'unico essere vivente. Presto i grani maturi romperanno il guscio liscio che li tiene uniti allo stame e cadranno sul terreno. E diventeranno cibo di carità per gli uccellini, o con una probabilità su cento, ricresceranno e prima che l'inverno riporti sulla terra gli spartineve, matureranno un'altra volta e soddisferanno la fame di tanti uccelli che staranno già morendo di fame nella stagione più dura... Vedi, Mio Giovanni, cosa può fare un seme coraggioso? E le poche persone che Mi ameranno di puro amore saranno come esso. Solo uno soddisferà la fame di molti. Solo uno abbellirà la zona che prima era sgradevole. Solo uno darà vita dove c'era morte e tutti gli affamati verranno a quel solo. Mangeranno un grano del suo amore attivo e poi, egoisti e distratti, scapperanno via.

Ma anche senza che lo sappiano, quel grano porrà germi di vita nel loro sangue, nelle loro anime... e torneranno. E oggi, domani e dopodomani, come ha detto Isacco, la conoscenza dell'amore crescerà nei loro cuori. Lo stame spoglio non sarà più un essere vivente: un filo di paglia secco. Ma quanto bene dal suo sacrificio! E quanta ricompensa dal suo sacrificio!"

Giovanni ascolta Gesù con ammirazione ardente e quando Gesù si muove, Giovanni lo segue. Il gruppo dietro, parlando tra sé, è inconsapevole della tenera conversazione.
Arrivano al frutteto, sudando anche se non indossano i mantelli e si fermano in un gruppo silenzioso.
Levi, visibile nei suoi vestiti leggeri, emerge da un boschetto scuro appena illuminato dal chiaro di luna. Dietro di lui un altro, vestito di un colore più scuro.

"Maestro, Giona è qui."

"Che la Mia pace arrivi a te!" saluta Gesù prima che Giona lo raggiunga.
Giona corre e si getta piangente ai Suoi piedi e li bacia. Quando riesce a parlare dice: «Per quanto tempo Ti ho aspettato! Per quanto tempo! Com›era deprimente sentire che la mia vita stava per finire, che la morte si stava avvicinando, dovendo dire 'Non L'ho visto!' Eppure no, non tutte le speranze erano state distrutte. Nemmeno quando stavo per morire. Dicevo: 'Ella disse così: "Lo servirai di nuovo" ed Ella non avrebbe potuto dire qualcosa che non era vero. Ella è la Madre dell'Immanuele. Nessuno, quindi, possiede Dio più di Lei e chi ha Dio sa cosa è di Dio.'"

"Alzati. Ella ti manda i saluti. Sei stato vicino a Lei e lo sei ancora. Ella vive a Nazaret."

"Tu! Ella! A Nazaret? Oh! Vorrei averlo saputo prima. Di notte, nei freddi mesi invernali, quando i campi riposano e la gente malvagia non può far danni ai contadini, sarei potuto venire, sarei corso a baciare i Tuoi piedi e sarei tornato con il mio tesoro di certezza di fede. Perché non Ti sei mostrato, Signore?"

"Perché non era il momento. Il momento è arrivato ora. Dobbiamo imparare ad aspettare. Tu hai detto: 'Nei mesi invernali quando i campi riposano'. Tuttavia sono stati seminati, no? Bene, io ero come un chicco che era stato seminato. E tu Mi hai visto quando fui seminato. Poi sono scomparso. Sotterrato nel necessario silenzio.
In modo che potessi crescere e raggiungere il tempo del raccolto e splendere agli occhi del mondo e di coloro che Mi avevano visto come Neonato. Quel tempo è arrivato. Il Neonato è ora pronto ad essere il Pane del mondo. E sto cercando prima quelli a Me fedeli, e dico loro: 'Venite. Soddisferò la vostra fame.'"

Giona Lo ascolta, sorridendo felicemente e ripetendosi: "Oh! Sei davvero qui! Sei davvero qui!"

"Eri sul punto di morire? Quando?"

"Quando fui picchiato a morte perché avevano saccheggiato due vigne. Guarda quante ferite!" Abbassa la tunica e mostra le spalle coperte di cicatrici irregolari.

"Mi colpì con un bastone di ferro. Contò i grappoli che erano stati rubati; poteva vedere dove erano stati strappati gli steli, e mi diede un colpo per ogni grappolo.

Poi mi lasciò lì, mezzo morto. Maria mi aiutò. E' la giovane moglie di un mio amico, e mi ha sempre voluto bene. Suo padre era il responsabile della terra prima di me e quando arrivai qui mi affezionai molto alla ragazza perché il suo nome era Maria. Si prese cura di me e mi ripresi dopo due mesi, perché le ferite si erano infettate per il caldo e mi avevano provocato una febbre alta. Dissi al Dio di Israele: 'Non importa. Fammi rivedere il Tuo Messia e questa sventura non avrà importanza per me. Accettala come sacrificio. Non potrei mai offrirti un sacrificio; sono il servo di un uomo crudele e Tu lo sai. Non mi permette nemmeno di venire al Tuo altare a Pasqua. Accetta me come vittima. Ma dammi Lui!'"

"E l'Altissimo ti ha accontentato. Giona vuoi servirmi, come i tuoi amici stanno già facendo?"

"Oh! Come faccio?"

"Come fanno loro. Levi lo sa e ti dirà com'e semplice servirmi. Voglio solo la tua buona volontà."

"Te l'ho donata sin dal tempo in cui piangevi nella mangiatoia. Mi ha permesso di superare tutto. Sia l'inganno che l'odio. Il fatto è... non possiamo parlare molto qui... Il maestro una volta mi picchiò perché insistetti sulla Tua esistenza. Ma quando andò via, e con coloro di cui mi fido, oh! Raccontai la meraviglia di quella notte! "

"E ora racconta la meraviglia del tuo incontro. Ho trovato quasi tutti e tutti sono fedeli. Non è una meraviglia? Solo perché Mi avete contemplato con fede e amore siete divenuti giusti agli occhi di Dio e degli uomini."

"Oh! Ora avrò il coraggio! E quanto coraggio! Ora che so che Tu sei vivo posso dire: 'Egli è qui. Andate da Lui!...' Ma dove, mio Signore?"

"In tutto Israele. Fino a Settembre sarò in Galilea. Sarà spesso a Nazaret o Cafarnao, e posso essere rintracciato da lì. Dopo... sarò ovunque. Sono venuto a radunare il gregge di Israele."

"Oh! Mio Signore! Troverai molti caproni. Attento ai grandi di Israele!"

"Non Mi faranno alcun male se non sarà l'ora. Dite ai morti, ai dormienti, ai vivi: 'Il Messia è tra noi.'"

"Ai morti, Signore?"

"A coloro le cui anime sono morte. Gli altri, i giusti che sono morti nel Signore, si stanno già rallegrando per la loro imminente liberazione nel Limbo. Dite ai morti: 'Io sono la Vita.' Dite ai dormienti: 'Io sono il Sole che risveglia dal sonno,' Dite ai vivi: 'Io sono la Verità che state cercando.'"

"E Tu curi anche i malati? Levi mi ha detto di Isacco. Il miracolo è solo per lui, perché è il Tuo pastore o per tutti?"

"Per la gente buona, un miracolo è la giusta ricompensa. Per quelli che non sono così buoni, li spinge alla bontà. E' anche per la gente cattiva, per scuoterla e farle capire che Io Esisto e che Dio è con Me. Un miracolo è un dono. I doni sono per la gente buona. Ma Colui Che è Misericordia e vede il fardello umano, che può essere alleggerito solo da eventi potenti, ricorre anche a questo mezzo, per poter dire: 'Ho fatto di tutto per voi ma invano.

Ditemi, allora, cos'altro devo fare."'

"Signore, Ti dispiace entrare nella mia casa? Se mi assicuri che non ci saranno furti nella proprietà, mi piacerebbe darti ospitalità, e invitare anche le poche persone che Ti conoscono perché ho parlato loro di Te. Il nostro maestro ci ha piegato e spezzato come gli steli inferiori. Non ci rimane che la speranza di una ricompensa eterna. Ma se Tu Ti mostrerai ai cuori abbattuti, essi sentiranno nuova forza."

"Verrò. Non temere per i tuoi alberi e vigneti. Riesci a credere che gli angeli li guarderanno fedelmente?"

"Oh! Mio Signore! Ho visto i Tuoi servitori paradisiaci. Ci credo. E verrò con Te e mi sentirò al sicuro. Benedetti questi alberi e vigneti che hanno la brezza e i canti delle ali e delle voci angeliche! Benedetto è il suolo che è santificato dai Tuoi piedi! Vieni, Signore Gesù! Ascoltate, alberi e vigneti. Ascolta, suolo. Ora dirò a Lui il Nome che ho affidato a voi per la mia pace. Gesù è qui. Ascoltate, e possa la linfa esultare attraverso i rami e i germogli delle viti. Il Messia è con noi."

Ritorno A Nazaret Dopo Aver Lasciato Giona.

E' tempo di salutarsi e Gesù e i Suoi discepoli sono sulla porta di una capanna povera, con Giona e altri poveri contadini, illuminati da una luce così debole che sembra lampeggiante.

"Non ti rivedrò più, mio Signore? " chiede Giona. "'Tu hai portato luce ai nostri cuori. La tua gentilezza ha trasformato questi giorni in una festa che durerà per tutta la nostra vita. Ma Tu hai visto come siamo trattati. Un mulo è trattato meglio di noi. E gli alberi ricevono più attenzioni umane; sono soldi. Noi siamo solo macine che guadagnano soldi e siamo usati finché moriamo di troppo lavoro. Ma le Tue parole sono state come tante carezze amorevoli. Il nostro pane è sembrato più ricco e gustoso perché Tu l'hai condiviso con noi; questo pane che egli non dà nemmeno ai suoi cani. Torna a condividerlo con noi, mio Signore. Solo perché sei Tu, oso dirlo. Sarebbe un insulto offrire a chiunque altro un rifugio e del cibo che anche un accattone rifiuterebbe. Ma Tu..."

"Ma Io ci trovo un profumo e un aroma paradisiaco perché in essi c'è fede e amore. Tornerò, Giona. Tornerò. Voi resterete nel vostro posto, legati come un animale

alle aste. Che il vostro posto sia la scala di Giacobbe.
E infatti gli angeli vanno e vengono dal Paradiso a
voi, raccogliendo attentamente tutti i vostri meriti e
portandoli su a Dio. Ma io tornerò da voi. Ad alleviare
il vostro spirito. Siatemi fedeli, tutti voi. Oh! Vorrei
darvi anche la pace umana. Ma non posso. Devo dirvi:
continuate a soffrire. E ciò è molto triste per Qualcuno
Che ama..."

"Signore, se Tu ci ami, noi non soffriamo più. Prima non
avevamo nessuno che ci amasse... Oh! Se potessi almeno
vedere Tua Madre!"

"Non preoccuparti. La porterò da te. Quando il tempo
sarà più mite, verrò con Lei. Non rischiare di incorrere
in punizioni crudeli per la tua ansia di vederla. Devi
aspettarla come aspetti il sorgere di una stella, della
stella della sera. Ti apparirà all'improvviso, esattamente
come la stella della sera, che un momento prima non c'è
e un momento dopo splende nel cielo. E devi considerare
che anche ora Ella sta profondendo i Suoi doni d'amore
su di te. Saluti a tutti. Che la Mia pace vi protegga dalla
durezza di colui che vi tormenta. Saluti, Giona. Non
piangere. Hai aspettato tanti anni con fede paziente. Ora
ti prometto un'attesa molto breve. Non piangere; non
ti lascerò solo. La tua gentilezza asciugò le Mie lacrime
quando ero un Bambino appena nato. La mia non è
sufficiente ad asciugare le tue?"

"Sì... ma Tu stai andando via... e io devo rimanere qui..."

"Giona, amico Mio, non farmi andar via depresso perché
non posso confortarti..."

"Non sto piangendo, mio Signore... Ma come potrò vivere

senza vederti, ora che so che sei vivo?"

Gesù accarezza ancora una volta l'infelice uomo anziano e poi va via. Ma, fermandosi sul bordo dello squallido suolo di trebbiatura, Gesù allunga le braccia e benedice la campagna. Poi parte:
"Cos'hai fatto, Maestro?" Chiede Simone che ha notato il gesto insolito.

"Ho messo un sigillo su tutto. In modo che nessun demonio possa danneggiare le cose e causare problemi a questa gente sventurata. Non potevo fare di più..."

"Maestro, camminiamo un po' più velocemente. Vorrei dirti qualcosa che non voglio che gli altri sentano." Si allontanano dal gruppo e Simone comincia a parlare: "Volevo dirti che Lazzaro ha istruzioni per usare il mio denaro per assistere tutti quelli che glielo richiedono nel nome di Gesù. Non potremmo liberare Giona? Quell'uomo è distrutto e la sua unica gioia è stare con Te. Diamogliela. Quanto vale il suo lavoro qui? Se invece fosse libero, sarebbe il Tuo discepolo in questa pianura bella ma desolata. La gente più ricca di Israele possiede terreni fertili qui e li sfrutta con crudeli estorsioni, traendo un profitto centuplicato dai loro lavoratori. Lo so da anni. Non potrai fermarti qui a lungo, perché la setta dei farisei domina la campagna e non credo che Ti saranno mai amici. Questi lavoratori oppressi e senza speranza sono le persone più infelici di Israele. L'hai sentito Tu stesso, nemmeno a Pasqua hanno pace, né possono pregare, mentre i loro severi padroni, con gesti solenni ed esibizionismi leziosi, assumono posizioni prominenti davanti all'altra gente. Almeno hanno la gioia di sapere che Tu esisti e di ascoltare le Tue parole ripetute loro da qualcuno che non cambierà una lettera. Se sei d'accordo, Maestro, Ti prego di dirmelo e Lazzaro farà ciò che è necessario."

"Simone, sapevo perché avevi dato via tutta la tua proprietà. I pensieri degli uomini mi sono noti. E ti ho amato anche per questo. Facendo felice Giona, tu fai felice Gesù. Oh! Quanto Mi tormenta veder soffrire la gente buona! La mia situazione di povero uomo disprezzato dal mondo Mi affligge solo per quello. Se Giuda Mi sentisse, direbbe: 'Ma Tu non sei la Parola di Dio? Dai l'ordine e queste pietre diverranno oro e pane per i poveri.' Ripeterebbe la tentazione di Satana. Io sono ansioso di soddisfare la fame della gente. Ma non nel modo che piacerebbe a Giuda. Tu non sei ancora abbastanza maturo per afferrare la profondità di ciò che intendo dire. Ma ti dirò: se Dio si occupasse di tutto ruberebbe ai Suoi amici. Li priverebbe dell'opportunità di essere misericordiosi e adempiere al comandamento dell'amore. I miei amici devono possedere questo marchio di Dio in comune con Lui: la santa misericordia che consiste in opere e parole. E l'infelicità di altre persone dà ai Miei amici l'opportunità di praticarla.
Hai capito cosa voglio dire?"

"Il tuo pensiero è profondo. Valuterò le Tue parole. E mi umilio perché vedo quanto sono ottuso e quanto è grande Dio Che vuole che ci siano donati i Suoi più dolci attributi in modo che Egli possa chiamarci Suoi figli. Dio si è rivelato a Me nelle sue molteplici perfezioni attraverso ogni raggio di luce con cui Tu illumini il mio cuore. Giorno per giorno, come qualcuno che avanza in un luogo sconosciuto, la conoscenza della Cosa immensa che è la Perfezione Che vuol chiamarci Suoi 'figli' progredisce in me, mi sembra di salire come un aquila o di immergermi come un pesce nelle infinite profondità come il cielo e il mare, e salgo sempre più in alto e mi immergo sempre più in profondità ma non tocco mai la fine. Ma allora cos'è Dio? "

"Dio è la perfezione irraggiungibile, Dio è la Bellezza Perfetta, Dio è il Potere infinito, Dio è l'incomprensibile Essenza, Dio è la Bontà insuperabile, Dio è l'indistruttibile Misericordia, Dio è l'incommensurabile Saggezza, Dio è l'amore che divenne Dio. Egli è l'Amore! Egli è l'Amore! Tu dici che più conosci Dio nella Sua perfezione, più in alto ti sembra di salire e più in profondità ti sembra di immergerti in due infinite profondità di blu senza sfumatura... Ma quando comprendi che è l'Amore che divenne Dio, tu non salirai o non ti immergerai più nel blu ma in un vortice luminoso e sarai condotto verso una beatitudine che sarà morte e vita per te. Tu possiederai Dio, con una perfezione perfetta, quando, per tua volontà. riuscirai a comprenderlo e meritarlo. Allora sarai fisso nella Sua perfezione."

"O Signore... " esclama Simone, sopraffatto.
Camminano in silenzio fino a raggiungere la strada, dove Gesù si ferma ad aspettare gli altri.
Quando si riuniscono di nuovo, Levi si inginocchia:

"Dovrei andare, Maestro. Ma il Tuo servo Ti chiede un favore. Portami da Tua Madre. Quest'uomo è un orfano come me. Non negare a me ciò che hai dato a lui, in modo che io possa vedere il volto di una madre..."

"Vieni. Ciò che viene chiesto nel nome di Mia Madre, lo concedo nel nome di Mia Madre."

Il sole, benché sul punto di tramontare, arde verso il basso sulla cupola grigio-verde dei fitti alberi di ulivo carichi di piccoli frutti ben formati ma penetra il groviglio di rami quel poco che basta a creare qualche piccolo spiraglio di luce, mentre la strada principale, dall'altra parte, chiusa tra due sponde, è un nastro polveroso brillante e abbagliante.

Da solo e camminando velocemente tra gli alberi di ulivo, Gesù sorride tra sé... sorride ancora più felicemente quando raggiunge un promontorio... Nazaret... il suo panorama brillante nel calore del sole ardente... e Gesù comincia a scendere e allunga il passo.
Ora, sulla strada silenziosa e deserta, si è protetto la testa con il Suo mantello e, non preoccupandosi più del sole, cammina così velocemente che il mantello si gonfia ai lati e dietro di Lui in modo che sembri volare.

Di tanto in tanto, la voce di un bambino o di una donna dall'interno di una casa o da un orto raggiunge Gesù, che cammina nelle zone ombreggiate create degli alberi dei giardini i cui rami si estendono sulla strada. Egli svolta in una strada mezza ombreggiata dove ci sono donne radunate attorno a un pozzo di acqua fresca e tutte Lo salutano, dandogli il benvenuto con le loro voci acute.

"Pace a tutte voi... ma per favore fate silenzio. Voglio fare una sorpresa a Mia Madre."

"Sua cognata è appena andata via con una caraffa di acqua fresca. Ma sta tornando. Sono rimaste senz'acqua. O la primavera è secca o l'acqua viene assorbita dalla terra arida che raggiunge il Tuo giardino. Non lo sappiamo. E' così che stava dicendo Maria di Alfeo.

Eccola... sta tornando."

Non avendo ancora visto Gesù, la madre di Giuda e Giacomo, con un'anfora sulla testa e un'altra in mano, sta gridando: sarà più veloce così. Maria è molto triste, perché il Suoi fiori stanno morendo di sete. Sono quelli piantati da Giuseppe e Gesù e le spezza il cuore vederli seccare."

"Ma ora che Mi vedrà..." dice Gesù apparendo da dietro al gruppo di donne.

"Oh! Mio Gesù. Tu sei benedetto! Vado a dirlo..."

"No. Vado io. Dammi le anfore."

"La porta è mezza chiusa. Maria è nel giardino. Oh! Come sarà felice! Stava parlando di Te anche stamattina. Ma perché sei venuto con questo caldo! Sei tutto sudato! Siete tutti benedetti. Sei da solo?"

"No. Con amici. Ma sono arrivato prima di loro per vedere Mia Madre per primo. E Giuda?"

"E' a Cafarnao. Ci va spesso." Dice Maria. E sorride, asciugando il volto di Gesù con il suo velo.

Le brocche sono ora pronte, Gesù ne prende due, legandole alle due estremità della sua cintura che si getta attorno alla spalla e poi ne prende una terza in mano. Poi si incammina, svolta ad un angolo, raggiunge la casa, apre la porta, entra nella piccola stanza che sembra buia in confronto al sole splendente all'esterno. Lentamente, alza la tenda della porta del giardino e osserva.
Maria è di spalle alla casa, accanto a un cespuglio di rose, a compiangere la pianta secca. Gesù posa la brocca

sul pavimento e il rame tintinna contro una roccia. "Sei già qui, Maria?" Dice Sua Madre senza voltarsi.
"Vieni, vieni, guarda queste rose! E questi poveri gigli. Moriranno tutti se non li curerò. Porta anche qualche piccola canna per reggere questo stelo cadente."

"Ti porterò tutto, Madre."

Maria si volta di scatto e per un momento rimane con gli occhi spalancati, poi con un grido corre a braccia aperte verso Sua Figlio, Che ha già aperto le Sue braccia e La aspetta con il sorriso più amorevole.

"Oh! Figlio Mio!"

"Madre!"

"Caro!!"

Il loro abbraccio è lungo e amorevole e Maria è così felice che non sente quanto è accaldato Gesù. Ma poi lo nota: "Perché, Figlio Mio, sei venuto a quest'ora del giorno? Sei porpora e sudato come una spugna bagnata. Entra. In modo che possa asciugarti e rinfrescarti. Ti porterò una tunica e dei sandali puliti. Figlio Mio! Figlio Mio! Perché andare in giro con questo caldo! Le piante stanno morendo per il caldo e Tu, Mio Fiore, vai in giro."

"Era per venire da Te prima possibile, Madre."

"Oh! Mio caro! Hai sete? Devi averne. Ora Ti preparo..."

"Sì, ho sete dei Tuoi baci, Madre. E delle Tue carezze. Fammi restare così, con la testa sulla Tua spalla, come quando ero un bambino... Oh! Madre! Quanto Mi manchi!"

"Chiamami, Figlio, e Io verrò da Te. Cosa Ti è mancato per la Mia assenza? Il cibo che Ti piace? I vestiti puliti? Un letto ben fatto? Oh! Mia Gioia, dimmi cosa ti è mancato. La Tua servitrice, Mio Signore, si adopererà per fornirtelo."

"Nient'altro che Te..."

Mano nella mano, Madre e Figlio entrano in casa. Gesù si siede di spalle al muro, abbraccia Maria Che è di fronte a Lui, appoggiando la testa sul Suo cuore e baciandola di tanto in tanto. Poi La guarda: "Lascia che Ti guardi per la gioia del Mio cuore, Mia santa Madre."

"Prima la tua tunica. Non ti fa bene rimanere così bagnato. Vieni." Gesù obbedisce. Quando torna indietro, indossando una tunica pulita, riprendono la loro dolce conversazione.

"Sono venuto con i miei discepoli e amici ma li ho lasciati nel bosco di Melcha. Arriveranno domani all'alba. Io... non potevo più aspettare. Madre Mia!... " E Le bacia le mani." Maria di Alfeo è andata via per lasciarci soli. Anche lei ha compreso quanto ero ansioso di stare con Te. Domani... domani penserai ai miei amici ed Io ai nazareni. Ma stasera Tu sei la mia amica e Io il Tuo. Ti ho portato... Oh! Madre: ho trovato i pastori di Betlemme. E Ti ho portato due di loro: sono orfani e Tu sei la madre di tutti gli uomini. E ancora di più degli orfani. E Ti ho portato anche uno che ha bisogno di Te per controllarsi. E un altro che è un uomo giusto e ha sofferto tanto. E poi Giovanni... E ti ho portato i ricordi di Elia, Isacco, Tobia, che ora si chiamano Matteo, Giovanni e Simeone. Giona è il più infelice di tutti. Ti porterò da lui... gliel'ho promesso. Continuerò a cercare gli altri. Samuele e

Giuseppe riposano nella pace di Dio."

"Sei stato a Betlemme?"

"Sì, Madre. Ho portato i discepoli che erano con Me. E Ti ho portato questi fiorellini, che crescevano accanto alle pietre sulla soglia."

"Oh!" Maria prende gli steli secchi e li bacia. "E Anna?"

"Morì nel Massacro di Erode."

"Oh! Povera donna! Ti voleva tanto bene!"

"I betlemmiti hanno sofferto tanto. Ma sono stati ingiusti con i pastori. Ma hanno sofferto tanto..."

"Ma sono stati buoni con Te allora!"

"Sì. E per questo devono essere compatiti. Satana è geloso della gentilezza passata e li spinge ad azioni malvagie. Sono stato anche a Hebron. I pastori, perseguitati..."

"Oh! Fino a questo punto?!"

"Sì, furono aiutati da Zaccaria, che procurò loro un lavoro e del cibo, anche se i loro maestri erano persone crudeli. Ma sono anime giuste e hanno trasformato le loro persecuzioni e ferite in meriti di vera santità. Li ho riuniti assieme. Ho curato Isacco... e ho dato il Mio nome a un bambino... A Juttah, dove Isacco languiva e dove è ritornato alla vita, ora c'è un gruppo innocente, chiamato Maria, Giuseppe e Jesai..."

"Oh! Il Tuo Nome!"

"E il Tuo e il nome del Giusto. E a Kariot, la terra natale di un discepolo, un fedele israelita morto sul Mio cuore. Pieno di gioia per l'avermi trovato... e poi... Ah! Quante cose ho da raccontarti, Mia Amica perfetta, dolce Madre! Ma prima di tutto, Ti prego, Ti chiedo di avere tanta misericordia di coloro che arriveranno domani. Ascolta: essi Mi amano... ma non sono perfetti. Tu, Maestra di Virtù... Oh! Madre, aiutami a renderli buoni... vorrei salvarli tutti..." Gesù è scivolato ai piedi di Maria. Ella appare ora nella Sua maestà materna.

"Figlio Mio! Cosa vuoi che la Tua povera Madre faccia meglio di ciò che Tu fai?"

"Santificarli... La Tua virtù santifica. Li ho portati qui di proposito, Madre... un giorno Ti dirò: 'Vieni', perché allora sarà urgente santificare le anime, in modo che Io possa trovarle volenterose di essere redente. E non sarò in grado di farlo da solo... Il Tuo silenzio sarà eloquente quanto le Mie parole. La tua purezza assisterà il Mio potere. La Tua presenza terrà lontano Satana... E Tuo Figlio, Madre, si sentirà più forte sapendo che Tu sei accanto a Lui. Tu verrai, vero, dolce Madre?"

"Gesù! Caro Figlio! Ho la sensazione che Tu non sia felice... Cosa succede, Creatura del Mio cuore? Il mondo Ti è stato ostile? No? E' un sollievo crederlo... ma... Oh! Sì. Verrò. Ovunque Tu desideri, e ogni volta che lo desideri. Anche ora, in questo sole cocente, o di notte, al freddo o con la pioggia. Mi desideri? Eccomi."

"No. Non ora. Ma un giorno... Com'è dolce la Nostra casa. E le Tue carezze! Lasciami dormire così, con la testa sulle Tue ginocchia. Sono così stanco! Sono ancora il Tuo Bambino..." E Gesù si addormenta davvero, stanco ed esausto, seduto sul tappeto, con la testa sul grembo di Sua Madre, che Gli accarezza felicemente i capelli.

www.ingramcontent.com/pod-product-compliance
Lightning Source LLC
Chambersburg PA
CBHW070607050426
42450CB00011B/3009